Christa Plum
Der Afghane und andere orientalische Windhunde

W0034809

Tierschutzverein Cottbus e.v.
-Tierheim-
AmGroßen Spreewehr 1A
03044 Cottbus
info@tierheim-cottbus.de
0157 58513265 - 0355/7296412

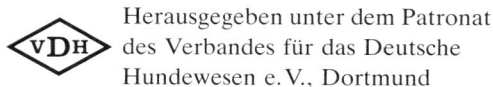

Herausgegeben unter dem Patronat
des Verbandes für das Deutsche
Hundewesen e.V., Dortmund

Christa Plum

Der Afghane und andere orientalische Windhunde

Saluki – Sloughi – Azawakh

Praktische Ratschläge
für Haltung, Pflege und Erziehung

3., neubearbeitete Auflage
Mit 30 Abbildungen, davon 8 farbig

Verlag Paul Parey · Hamburg und Berlin

Die Kapitel „Ernährung" und „Gesundheit" wurden
von Dr. med. vet. Peter Brehm verfaßt.

Weitere Bände in der Reihe „Dein Hund"

**Airedaleterrier · Der Basset · Der Beagle · Bearded Collie · Berner Sennenhunde ·
Bernhardiner · Der Bobtail · Bouvier des Flandres · Der Boxer · Der Bullterrier · Der
Cairn Terrier · Der Chow-Chow · Collie und Sheltie · Der Dackel · Der Dalmatiner · Der
Dobermann · Die Dogge · Der Foxterrier · Golden und Labrador Retriever · Greyhound
und andere Windhundrassen · Große Münsterländer · Der Hovawart · Jack-Russell-
Terrier · Der Kromfohrländer · Der Leonberger · Mischlingshunde · Der Mops ·
Neufundländer · Der Pekingese · Pinscher und Schnauzer · Der Pudel · Der Riesen-
schnauzer · Der Rottweiler · Der Deutsche Schäferhund · Schlittenhunde · Setter und
Pointer · Der Shih-Tzu · Der Spaniel · Der Spitz · Terrier · Ungarische Hirtenhunde ·
West Highland White Terrier · Der Yorkshire Terrier · Dienst- und Gebrauchshunde ·
Dein Hund auf Ausstellungen · Erziehung und Ausbildung des Hundes**

CIP-Kurztitelaufnahme der Deutschen Bibliothek

Der Afghane und andere orientalische Windhunde : Saluki –
Sloughi – Azawakh ; praktische Ratschläge für Haltung, Pflege
und Erziehung / Christa Plum. [Die Kap. "Ernährung" und
"Gesundheit" wurden von Peter Brehm verf.]. – 3., neubearb.
Aufl., 10.–12. Tsd. – Hamburg ; Berlin : Parey, 1993
    (Dein Hund)
    ISBN 3-490-04719-2
NE: Plum, Christa

  1.– 6. Tausend 1981
  7.– 9. Tausend 1989 (Neubearbeitung)
10.–12. Tausend 1993 (Neubearbeitung)

© 1993 Verlag Paul Parey, Hamburg und Berlin
Anschriften: Spitalerstraße 12, D-20095 Hamburg; Seelbuschring 9–17, D-12105 Berlin
Satz: Westholsteinische Verlagsdruckerei Boyens & Co., Heide/Holst.
Druck: Druck- + Verlagshaus Wienand, Köln
Umschlaggestaltung: Evelyn Fischer, Hamburg
Printed in Germany
ISBN 3-490-04719-2

Vorwort

Die hohe Akzeptanz dieses Buches veranlaßte den Verlag Paul Parey zur Herausgabe der 3. Auflage. Frau Christa Plum, die Autorin der 1. Auflage, verstarb leider – viel zu früh – 1989, und ihr Ehemann schlug dem Verlag vor, mir die inzwischen notwendig gewordene Überarbeitung zu übertragen. Ich sagte zu, wobei ich mir im klaren darüber war, ein schweres Erbe anzutreten, da Christa Plum sowohl als erfolgreiche Züchterin wie auch als langjähriges, an kompetenter Stelle arbeitendes Vorstandsmitglied des Deutschen Windhund-Zucht- und -Rennverbandes über fundiertes Wissen verfügte. Nicht zuletzt gab die langjährige freundschaftliche Verbundenheit mit Familie Plum den Ausschlag.

Seit der 2. Auflage haben sich wesentliche Veränderungen ergeben, so daß eine Aktualisierung angezeigt war. Ich fand dabei viel Unterstützung namhafter Besitzer und Züchter unserer Orientalen, die mir in Wort und Bildern wichtige Unterlagen zur Verfügung stellten.

Ich habe daher ganz herzlich zu danken den Damen Heydrich, Hochgesand, Lennartz, Raufelder und Rödde sowie Herrn Eckhard Schritt. Besonders möchte ich auch noch Frau Quaritsch-Fricke danken, die mir freundlicherweise erlaubt hat, aus ihrem im Jubiläumszuchtbuch des Deutschen Windhund-Zucht- und -Rennverbandes erschienenen Artikel über eine Variante des Windhundsports, das Coursing, zu zitieren.

Möge die 3. Auflage dazu dienen, für unsere so eleganten Orientalen neue Freunde zu gewinnen.

Nürnberg, im Herbst 1993   Margit Roth

Vorwort zur 1. Auflage und 2. Auflage

Dieses Buch wurde geschrieben, um in Kurzfassung einen Überblick über Historisches, Charakteristisches und Pflege der Orientalischen Windhunde zu geben. Es erhebt keinen Anspruch auf Vollständigkeit. Spezielle kynologische Dinge wurden bewußt ausgeklammert.

Menschen, die noch nie mit diesen Rassen zu tun hatten, möchte ich einen nützlichen Leitfaden geben. Wenn es mir gelungen ist, Interesse für die Hunde zu wecken, hat dieses kleine Buch seinen Zweck erfüllt.

Zu danken habe ich all denen, die mir Bilder ihrer Hunde zur Verfügung gestellt haben, um Ihnen, liebe Leser, diese herrlichen Tiere auch optisch näherzubringen.

Bensberg, im Mai 1981   Christa Plum

Vor dem Druck der zweiten Auflage wurde der Text noch einmal durchgesehen und aktualisiert.

Hamburg, im Frühjahr 1989   Verlag Paul Parey

Inhalt

Der Afghane

Historisches

Der Afghane ist eine auffallende Erscheinung, er ist stolz, selbstbewußt und zurückhaltend gegenüber Fremden. Hochläufig wie alle
Windhunde, hat er einen schlanken, kraftvollen Körperbau und einen
ausdrucksvollen, schmalen Kopf mit kräftigen Kiefern. Besonders
auffallend ist seine lange seidige Behaarung. Nur Fang, Rücken und
die Oberseite der Rute sind bei erwachsenen Hunden kurzbehaart. So
sehen wir ihn heute vor uns. Wie aber war er in seiner Heimat?

Die Geschichte des Windhundes, der aus Afghanistan zu uns kam,
ist dunkel und undurchsichtig, spärlich aufgehellt nur durch die
Berichte einiger Augenzeugen ziemlich am Ende des vorigen Jahrhun-
derts. Diese waren meist englische Offiziere, die als ein Teil der
Besatzungsarmee in Afghanistan stationiert gewesen waren und in ihre
Heimat zurückkehrten.

Sicher ist, daß diese Rasse sehr alt ist. Afghanistan ist zu drei
Vierteln mit zum Teil unwegsamen Gebirgen bedeckt, was die Abge-
schlossenheit des Landes erklärt. Die Bewohner lebten damals in
großer Armut, so daß sie sich keine Schußwaffen für die Jagd leisten
konnten. Einer ihrer wertvollsten Besitztümer war der „Thasi", der
Windhund, der von den Moslems im Gegensatz zum Hund nicht als
unrein angesehen wurde. Er war dazu da, für den Lebensunterhalt
seiner Besitzer und für sich selbst zu jagen. Es liegt auf der Hand, daß
es kaum möglich war, einen solchen Hund zu erwerben, schon gar
nicht, wenn es sich um ein gutes Exemplar handelte, der ja nicht nur
für den Lebensunterhalt der Familie sorgte, sondern auch das Ansehen
seines Besitzers erheblich stärkte.

Obwohl seine Ausfuhr bei Strafe verboten war, waren einzelne
Hunde schon während dieser Zeit nach England gekommen, das als
erstes westliches Land diese Rasse einführte. Die Berichte über diese
ersten Hunde sind so unterschiedlich, wie diese selbst wohl gewesen
sein mögen. Zumindest teilweise wurden sie auch als nicht rasserein
bezeichnet. Trotzdem erregten diese Windhunde aus dem fernen Af-

9

ghanistan von Anfang an beträchtliches Aufsehen. Auf ihrem Weg nach Europa wurden sie von Legenden begleitet, für deren Wahrheitsgehalt sich aber niemals Beweise finden ließen. Weder wurden die Felszeichnungen von Balkh noch die Papyrusrollen, in denen von dem „affengesichtigen Hund" geschrieben sein sollte, jemals gefunden.

In Afghanistan gab es im wesentlichen zwei verschiedene Schläge, die von der Landschaft, in der sie zur Jagd gebraucht wurden, geprägt waren. Da war einmal der Hund, der im Gebirge zur Jagd auf Steinwild gebraucht wurde. Er war kleiner, kürzer und gedrungener, besser gewinkelt und besser behaart. Er brauchte für seine Tätigkeit Wendigkeit und Sprungvermögen, dafür nicht so große Schnelligkeit. Die fand sich eher bei den Hetzhunden, die in Steppen und Hochflächen beheimatet waren. Sie waren größer, leichter, weniger gewinkelt und schwächer behaart. Sicher ähnelten sie eher dem Saluki als dem Hetzhund des Gebirges. Beide Schläge wurden nur nach ihrem Gebrauchswert, ihrer Tüchtigkeit gezüchtet.

In England wurde die Hündin Motee als erste 1886 in Bristol ausgestellt. Bekannt wurde etwas später Schahzade, der zuerst unter dem Namen Gazelle ausgestellt worden war und unter beiden Namen Preise gewann. 1901 wurde sein Leichnam dem Britischen Naturhistorischen Museum angeboten, wo er präpariert wurde und m. W. noch heute zu sehen ist. Das Foto ist oft veröffentlicht worden. In Hutchinson's Dog Encyclopaedia ist ein anderer der frühen Importe abgebildet, nämlich Khulm, dessen Großvater Koosh einen Leoparden getötet haben soll, der seine Mutter Mooroo II angegriffen haben soll. Auch Khulm gewann Preise in der Exotenklasse.

Die Situation änderte sich mit einem Schlag, geradezu mit einem Paukenschlag, als Captain John Barff 1907 Zardin mit nach England brachte. Er war damals fünf Jahre und kam gerade rechtzeitig aus der Quarantäne, um noch im gleichen Jahr ausgestellt zu werden. Er gewann eine große Exotenklasse und wurde in seinem Leben niemals geschlagen. Ein Afghanischer Windhund dieser Qualität war bis dahin in England nicht erschienen und sollte auch lange Zeit nicht wieder erscheinen. So war es zunächst Zardin, der die Zukunft der Rasse bestimmte, weil er das von allen akzeptierte Modell war, nach dem 1912 der erste Standard für die Rasse erstellt wurde. Mit ihm beginnt die Geschichte des Afghanischen Windhundes in Europa. Nachzucht existiert von ihm leider nicht, jedenfalls erscheint er in keiner Ahnentafel als Vorfahre.

10

1920 brachte Major Bell Murray eine Gruppe Afghanen nach England, die völlig anderen Typs waren als Zardin, nach dessen Typ Major Bell Murray nach seinen Aussagen viele Jahre vergeblich in Afghanistan gesucht hatte. So ist es auch nicht verwunderlich, daß aus diesen Hunden, trotz aller Hoffnungen, trotz Klima- und Futterumstellung, kein Zardin-ähnliches Exemplar gezüchtet werden konnte, auch nicht unter den um so vieles besseren europäischen Bedingungen. Trotzdem gehen heute alle in der Welt lebenden Afghanischen Windhunde – außer natürlich in Afghanistan – mehr oder weniger auf diese Importe zurück, wegen ihres Typs Bell-Murray-Afghanen genannt. Man bezeichnet sie auch als Steppen- oder Flachland-Afghanen.

Als 1929 der kleine Rüde Sirdar of Ghazni nach England kam, war dies der nächste Paukenschlag, der die Szene ändern und gründlich beeinflussen sollte. Sirdar stammte aus der Zucht des damaligen Königs Amanullah von Afghanistan. Er wurde als der beste Afghane seit Zardin bezeichnet, was mit Sicherheit zutraf, sieht man sich die Abbildungen der damals lebenden Afghanen an. Mit ihm kam eine Gruppe von Windhunden, die sich vor allem im Körperbau, in den Winkelungen und im Haarkleid wesentlich von denen des Major Bell Murray unterschieden. Importiert wurden sie von Mrs. Amps, deren Zwingernamen of Ghazni diesem Typ den Namen gab, so daß man seither vom Ghazni-Typ spricht. Man bezeichnet diesen Typ auch als Bergafghanen. Obwohl beide Typen völlig verschieden waren, wurden sie in der Zucht sofort vermischt, wobei Sirdar eine besondere Rolle spielte. Auch er ist in der Ahnenreihe aller außerhalb Afghanistans lebenden Afghanen meist vielfach vorhanden.

1932 erst sah man die ersten Afghanen in Deutschland auf einer Ausstellung, die dort von dem Holländer Han Jüngeling gezeigt wurden. Er war einer der frühen Kenner der Rasse und hatte zusammen mit seiner Mutter die ersten Afghanen von England nach Holland eingeführt. Im gleichen Jahr wurde der erste Afghane im Deutschen Windhund-Zuchtbuch Bd. VI eingetragen. Der erste in Deutschland gezüchtete und eingetragene Wurf fiel erst im März 1940. Damals, während der Kriegs- und Nachkriegsjahre, konnte kein Mensch ahnen, wie sich diese wunderschöne Rasse im Laufe der Jahrzehnte in Deutschland und überall in der Welt entwickeln würde.

Charakter

Der Afghanische Windhund gehört zu einer sehr alten Rasse. Er wurde in seiner Heimat fast ausschließlich für die Hetze auf Wild – vorwiegend Steinwild – verwendet, und nur seine Leistungsfähigkeit bestimmte seinen Wert. Im Gegensatz zu anderen Windhunden, die fast immer in der Meute jagten, war er ein Einzeljäger. Es gibt Augenzeugen, die berichteten, daß er Wild oft über viele Kilometer verfolgte, meist im Gebirge, ganz auf sich allein gestellt, nur auf seinen Mut, seine Geschicklichkeit und seine Klugheit angewiesen. Durch diese Umstände war er gezwungen, vollkommen selbständig zu handeln und zu entscheiden, ohne daß der Mensch ihm zu helfen vermocht hätte.

Daraus erklärt sich wohl das Bewußtsein der Unabhängigkeit im Charakter eines Afghanen, das ihm bis heute erhalten geblieben ist und das es schwierig macht, ihn zum Gehorsam zu erziehen. Im Gegensatz zu den meisten Hunden, die ihren Menschen gern gehorchen, sieht der Afghane diese Notwendigkeit selten ein. Er fühlt sich in „seiner" Familie durchaus als deren Mitglied; eine Unterordnung liegt nur wenig im Bereich seines Charakters. Zwar lernt er mit Liebe, Geduld, Konsequenz und gelegentlicher Strenge in Haus und Garten einigermaßen gehorchen, nur selten aber wird er auf das erste oder zweite Wort folgen. Vor allem wenn er älter wird, hat man das Gefühl, daß er gehorcht, weil er „seinen" Menschen den Gefallen tun will. Mit diesem „Einigermaßen-Gehorsam" ist es aber fast immer völlig vorbei, läßt man ihn beim Spaziergang von der Leine. Er kann sehr schnell außer Sichtweite seines Besitzers rennen und kommt fast nie auf Ruf oder Pfiff, bis er selbst meint, daß es nun genug ist. Das kann zuweilen lange dauern, indessen dann der Besitzer zähneknirschend warten mag, wobei der Hund allerdings einen ungewöhnlich ausgeprägten Orientierungssinn unter Beweis stellt. Und wenn er schließlich wieder da ist, muß man ihn auch noch loben! Man soll sich nur nicht der Illusion hingeben, daß man den Hund mit Gewalt zum Gehorsam erziehen kann. Seinen Charakter brechen, heißt zugleich seinen Stolz brechen, und dieser würdevolle Stolz macht den größten Charme dieses Hundes aus.

So anhänglich der Afghane ist, so eng verbunden seinem Besitzer, er ist vor allem ein Hetzhund. Nichts erinnert mehr an den ruhigen Hausgenossen, wenn er Gelegenheit hat, ein nach seiner Meinung geeignetes Hetzobjekt zu verfolgen, und nichts kann ihn von dieser

In stolzer Siegerstellung

Verfolgung abbringen. Alle Wildheit seiner Vorfahren bricht da wieder durch, und Hühner, Katzen oder Wild müssen um ihr Leben laufen. Diese Hetzleidenschaft ist dem Hund nicht abzugewöhnen. Genau wie Unabhängigkeit und Eigenwilligkeit ist sie ein wesentliches Merkmal seines Charakters, mit dem man sich abfinden muß, wenn man ihn als Hausgenossen erwählt.

Aus der gleichen Seite seines Charakters entwickelt er auch Eigenschaften, die ihn für seine Besitzer besonders liebenswert machen: seinen Stolz und sein würdevolles Wesen, seine abweisende Haltung

13

Afghane, etwa sieben Monate alt

Fremden gegenüber und sein ruhiges und angenehmes Verhalten innerhalb des Hauses. Hat man einmal wenig Zeit für ihn, kann er stundenlang ruhig liegen, so daß man ihn fast vergessen könnte. Kommt man dann zur Ruhe, kann es passieren, daß eine pelzige Pfote mit mehr oder weniger energischem Anstoßen daran erinnert, daß er noch da ist. Gemessen an anderen Hunden ist er auch in der Familie eher zurückhaltend, nicht aufdringlich. Diese Zurückhaltung sollte man aber keinesfalls verwechseln mit Gleichgültigkeit. Er liebt „seine" Menschen sehr und ist überall da glücklich, wo er mit dabeisein darf. Im allgemeinen kann er sich nur schwer einem neuen Besitzer anschließen. Nur in engem Kontakt zu „seinen" Menschen wird er den besonderen Reiz seines Wesens entfalten. Daraus versteht sich von selbst, daß man ihn nicht nur im Zwinger halten sollte.

So ruhig er im Haus ist, so viel Temperament zeigt er, wenn er draußen toben kann. Hier ist er in seinem Element. Ist er der ganzen

Familie, besonders auch den Kindern, sehr verbunden, so bringt er bezeichnenderweise doch dem Familienmitglied besondere Zuneigung entgegen, das ihm Gelegenheit zur Bewegung gibt. Da man ihn in unserer mitteleuropäischen Welt mit ihrem geringen Raum kaum noch frei laufen lassen kann, sei es, weil freie Flächen zu einem Jagdgebiet gehören oder daß Straßen bzw. Bahngleise in der Nähe sind, ist das manchmal problematisch. Auch ein eingezäunter Garten genügt seinem Bewegungsdrang nicht immer, vor allem dann nicht, wenn er zum Toben keinen Gefährten hat. Einen Ersatz kann man dem Hund bieten, indem man ihn bei einem Windhund-Rennverein am Training oder Rennen teilnehmen läßt. Hier hat er Gelegenheit, sich auszulaufen und seinen Hetztrieb auszuleben.

Fast alle erwachsenen Afghanen sind wachsam und fühlen sich verantwortlich für ihre Familie und alles, was nach ihrer Meinung dazugehört. Sie bellen, aber sie sind keine Kläffer. Sie haben ein außergewöhnlich gutes Gedächtnis für Menschen, von denen ihnen Gutes oder das Gegenteil geschah, oder für alle für sie besonderen Gelegenheiten.

Würdevolle Haltung

15

Pflege

Es liegt wohl auf der Hand, daß ein Hund mit langem, feinem Haar besonders sorgfältiger Pflege bedarf. Obwohl er bis zu neun Monaten das Bürsten eigentlich nicht nötig hätte, sollte er bis zu diesem Alter bereits daran gewöhnt sein. Zwischen neun bis 20 Monaten verfilzt das Haar manchmal von einem Tag auf den anderen, weil in dieser Zeit das Jugendhaar wechselt. Da das über einen längeren Zeitraum geht, hat man so viel Arbeit mit dem Fell wie danach niemals mehr im Leben des Hundes. Will man den Hund nur für die Familie haben, genügt es, wenn man täglich die Filzstellen ausbürstet. Es genügt dabei aber keinesfalls, daß man nur oben drüber bürstet. Man muß das Haar von unten an lagenweise hochheben und von unten angefangen nach oben weiterbürsten. Man benötigt dazu eine Bürste mit aufrecht stehenden Metallborsten, wie man sie auch für Menschen gebraucht, keinesfalls eine sogenannte Pudelbürste. Es läßt sich dabei nicht vermeiden, daß man viel Haar ausbürstet und viel abbricht. Da das Haar des Afghanen nur langsam wächst, dauert es lange, bis die beschädigten Haarpartien wieder nachgewachsen sind.

Will man mit dem Hund Ausstellungen besuchen, darf man so nicht verfahren; man muß ihn vor dem Bürsten baden mit einem Shampoo für Hunde mit langem, feinem Haar und anschließender Spülung. Nach dem vorsichtigen Frottieren bürstet man die Haare dann feucht aus und wird dabei feststellen, daß es nicht nur viel leichter geht, daß man keinen Filz übersieht und daß man kaum Haare ausbürstet oder abbricht. Das Haarkleid behält seine Fülle und wird gleichmäßig lang. Nach dem Ausbürsten wird der Hund trocken geföhnt.

Sollten einmal Filzstellen entstanden sein, versucht man vorsichtig, sie auseinander zu ziehen und dann von der Seite bis zur Mitte auszubürsten. Sehr harte Filze, die man übersehen hat, muß man der Länge nach einschneiden, also nicht einfach abschneiden.

Die Krallen wird sich ein Hund mit normaler Bewegung selbst ablaufen, sie bedürfen also kaum besonderer Beachtung.

Die Ohren sollte man einmal wöchentlich kontrollieren und von Zeit zu Zeit mit einem entsprechenden Präparat säubern, damit sich keine Entzündungen bilden. Mit saubergehaltenen Ohren wird man so gut wie niemals zum Tierarzt müssen.

Beachtung muß man beim erwachsenen Hund den Zähnen schenken, da manche Hunde zu Zahnstein neigen und dann einen üblen

Schön und stolz

Geruch aus der Schnauze verbreiten. Schlimmer noch ist, daß sich Bakterien unter dem Zahnfleisch ansiedeln können und so die Zähne beschädigen. Das ist natürlich keinesfalls eine spezielle Schwäche nur beim Afghanen. Man kann das Gebiß durch Verfütterung von ein bis zwei Knochen in der Woche sauberhalten. Zahnstein wird sich dann gar nicht erst ansetzen. Aber Vorsicht! Nicht jeder Hund verträgt Knochen, und man darf auf keinen Fall Röhrenknochen geben. Es gibt auch für Hunde Zahnpasta, mit der man die Zähne regelmäßig putzen kann.

Beim Fressen nicht nur von Knochen muß man die langen Ohren schützen, weil sonst die Haare durch das Futter verschmutzt werden oder – schlimmer noch – einfach abgefressen werden. Es gibt bestimmte Hauben zu kaufen, die man dann über die Ohren zieht; man kann auch von einem Nylonstrumpf ein Beinende abschneiden und das benutzen. Nur ein gepflegter Afghane ist auch ein schöner Afghane. Das Haaren in der Wohnung hält sich sehr in Grenzen.

Standard: Afghanischer Windhund

FCI-Nr. 228

Ursprungsland: Afghanistan; Patronatsland: Großbritannien

Allgemeines Erscheinungsbild. Vermittelt den Eindruck von Stärke und Würde, dabei Schnelligkeit und Kraft in sich vereinigend. Der Kopf wird stolz erhoben getragen.

Charakteristika. Der östliche bzw. orientalische Ausdruck ist für die Rasse typisch. Der Afghane schaut jemanden an und durch ihn hindurch.

Wesen. Würdevoll und zurückhaltend, mit einem gewissen leidenschaftlichen Ungestüm.

Kopf und Schädel. Langer, nicht zu schmaler Schädel, mit deutlich erkennbarem Hinterhauptbein. Vorgesicht lang, mit Kiefern, welche die Fähigkeit zum Zupacken aufzeigen, geringfügiger Stop. Schädel richtig proportioniert und mit einem langen Haarschopf bedeckt. Nase vorzugsweise schwarz, leberfarben bei hellen Hunden erlaubt.

Augen. Bevorzugt dunkel, jedoch ist goldfarben nicht auszuschließen. Nahezu dreieckig, dabei vom inneren zum äußeren Augenwinkel geringfügig schräg nach oben verlaufend.

Ohren. Tief und weit hinten am Kopf angesetzt, dicht anliegend getragen. Mit langem seidigem Haar bedeckt.

Fang, Gebiß. Kräftige Kiefer mit einem perfekten, regelmäßigen und vollständigen Scherengebiß, d. h. daß die obere Schneidezahnreihe ohne Zwischenraum über die untere greift und die Zähne senkrecht im Kiefer stehen. Zangengebiß zulässig.

Hals. Lang, stark, wobei der Kopf stolz erhoben getragen wird.

Vorhand. Lange, schräge und gut zurückliegende Schultern, gut bemuskelt und stark, ohne dabei überladen zu wirken. Vorderläufe gerade mit kräftigen Knochen, von vorne betrachtet in einer Linie mit den Schultern stehend; die Ellenbogen liegen dicht am Brustkorb an und drehen weder nach innen noch nach außen.

Körper. Gerader Rücken, mäßig lang, gut bemuskelt, Kruppe fällt zum Rutenansatz hin leicht ab. Lendenpartie gerade, breit und ziemlich kurz. Hüftbeinhöcker ziemlich deutlich erkennbar und weit voneinander entfernt. Angemessene Rippenwölbung und gute Brusttiefe.

Hinterhand. Kraftvoll, Schenkel mit guter Winkelung zueinander und gut geformt. Große Entfernung von der Hüfte zu den Sprunggelenken und vergleichsweise geringer Abstand zwischen den Sprunggelenken und den Pfoten. Afterkrallen dürfen entfernt sein.

Pfoten. Vorderpfoten stark und sehr groß, sowohl in der Länge wie in der Breite, gut mit langem, dickem Haar bedeckt, Zehen gewölbt. Vordermittelfuß lang und flexibel, Ballen gut auf dem Boden stehend. Hinterpfoten lang, jedoch nicht ganz so breit wie die Vorderpfoten; mit langem, dickem Haar bedeckt.

Gangart, Bewegung. Fließend und federnd in hochklassigem Stil.

Rute. Nicht zu kurz. Tief angesetzt und am Ende einfach geringelt. In der Bewegung hoch erhoben. Dünn befedert.

Haarkleid. An den Rippen, an der Vor- und Hinterhand und an den Flanken lang und von sehr feiner Textur. Bei erwachsenen Hunden von den Schultern an rückwärts und entlang des Sattels kurz und dicht. Vom Vorgesicht an nach hinten lang, mit einem markanten seidigen Haarschopf („top-knot"). Haar am Vorgesicht kurz. Ohren und Läufe gut behaart. Die Vordermittelfüße dürfen kahl sein. Das Haarkleid muß sich natürlich entwickeln.

Farbe. Alle Farben sind zulässig.

Größe. Idealgröße für Rüden: 68 bis 74 cm; für Hündinnen: 63 bis 69 cm.

Fehler. Jede Abweichung von den vorgenannten Punkten sollte als Fehler angesehen werden, dessen Bewertung im genauen Verhältnis zum Grad der Abweichung stehen sollte.

Anmerkung. Rüden sollten zwei offensichtlich normal entwickelte Hoden aufweisen, die sich vollständig im Skrotum befinden.

Der Saluki

Historisches

Der Saluki gehört wahrscheinlich zu den ältesten reinrassigen Jagd-
und Hetzhunden, die wir kennen. Früheste Zeugnisse dieser Rasse
stammen aus der Zeit von 5000 bis 6000 Jahren vor Christi. Hunde vom
Saluki-Typ finden sich an Wandmalereien in alten ägyptischen Grä-

*Saluki, vier
Jahre, typischer
Rassevertreter*

bern. Man hat sogar mumifizierte Körper von Salukis in den Gräbern im Tal der Könige in Luxor, Ägypten, gefunden; teilweise noch mit juwelenbesetzten Halsbändern. Indische und islamische Miniaturen und Buchmalereien mit abgebildeten Salukis weisen darauf hin, welch großer Wertschätzung er sich über die Jahrhunderte erfreut hat. Mit den Kreuzfahrern im Mittelalter kamen die ersten Salukis auch nach Mitteleuropa.

Ende des letzten Jahrhunderts gelangten einige Hunde nach England, wo Liebhaber sich um die Rasse kümmerten. Dieses war der Ausgangspunkt für die weitere Verbreitung des Salukis in Europa.

Salukis – auch unter dem Namen Persischer Windhund oder Tazy(i) bekannt – treten in einer Vielzahl von Typen auf, je nach Gebiet oder Verwendungszweck. Das ist aufgrund des großen Verbreitungsgebietes der Rasse auch nicht verwunderlich. Dieses erstreckt sich von Saudi-Arabien, Mesopotamien und den angrenzenden Gebieten bis Turkmenistan und von der Türkei bis Afghanistan und Indien. Als Ursprungsgebiet der Rasse gilt das Zweistromland zwischen Euphrat und Tigris. In ihrer Heimat werden Salukis von den Arabern zur Hetze (mit oder ohne Falken) auf Gazellen, kleine Antilopen, Hasen oder Schakale gehalten.

Man muß wissen, daß vom Araber als Moslem alle Hunde als unrein bezeichnet werden – mit Ausnahme des Salukis. Tatsächlich betrachtet der Araber ihn nicht als Hund, sondern als ein von Gott gegebenes Jagdsymbol: „Der Saluki ist kein Hund, er ist ein Geschenk Allahs, zu unserem Nutzen und unserer Freude gegeben." Seine Ahnenreihen werden aufgeschrieben wie die edler Araberpferde. Der große islamische Jäger Yazid II, der im 8. Jahrhundert lebte, hatte für jeden seiner Salukis einen eigenen Sklaven, was deutlich macht, in welch hohem Ansehen die Rasse stand.

Zweifellos wurde die Rasse über die Jahrtausende immer mit großem Respekt behandelt. So durfte der Saluki ins Zelt seines Herrn und wurde häufig bei der Jagd mit aufs Pferd genommen, um ausgeruht der Beute folgen zu können. Salukis wurden nicht verkauft, nur an gute Freunde oder hochgestellte Persönlichkeiten verschenkt.

Ästhetisch schön anzusehen, edel und anmutig macht sein Laufstil nicht den Eindruck von geballter Kraft, sondern wirkt graziös, leicht und mühelos; dennoch ist der Saluki ein sehr ausdauernder, geländesicherer Langstreckenläufer.

*Internationaler
Saluki-Champion*

Charakter

Der Saluki ist ein liebenswerter, treuer und eleganter Begleiter, der es ganz besonders liebt, wenn er am Familienleben teilhaben kann. Er ist eigensinnig und unabhängig und sehr wählerisch, wem er seine Zuneigung schenkt. Seine besondere Liebe gilt meist dem Familienmitglied, das ihm die notwendige Bewegung verschafft. Ungeachtet seiner jagdlichen Instinkte und Fähigkeiten kann der Saluki sehr wohl friedlich mit anderen Haustieren zusammenleben. Auch kann er mittels entschlossener, freundlicher Führung und gegenseitigem Respekt durchaus ein folgsamer Hund sein.

Im Haus verhält er sich sehr ruhig, ist unaufdringlich, sauber und ohne Hundegeruch, d. h., er ist sehr angenehm um sich zu haben. Im Freien dagegen ist er lebhaft und verspielt und jagt aufgrund seiner

Hetzleidenschaft hinter allem her, was sich bewegt. Es ist wichtig, für ausreichende Bewegung zu sorgen. Ein Saluki in guter Kondition sollte schlank und gut bemuskelt sein.

Die Rasse hat eine gute gesundheitliche Konstitution. Wer die Art und das Wesen dieser Rasse zu schätzen weiß, wird einen edlen und anmutigen Begleiter haben.

Pflege

Die Pflege des Saluki ist einfach. Das kurze Haar am Körper, dem Kopf und den Beinen kann man sehr gut mit einem Noppenhandschuh bearbeiten, die abgestorbenen Haare kämmt man aus. Die Befederung an den Ohren, der Rute und den hinteren Teilen der Läufe wird mit einer Bürste oder einem Kamm gekämmt.

Standard: Saluki

FCI-Nr. 269b
Ursprungsland: Iran; Patronatsland: Großbritannien
Allgemeines Erscheinungsbild. Erweckt den Eindruck von anmutiger Ausgewogenheit und von großer Schnelligkeit und Ausdauer, gepaart mit Stärke und Aktivität. Der Ausdruck ist würdevoll und liebenswürdig, mit treuen, in die Ferne blickenden Augen.
Charakteristika. Von großer Qualität mit einzigartig geformten Pfoten, wie sie für die Jagd in natürlichem Gelände notwendig sind.
Wesen. Fremden gegenüber reserviert, jedoch nicht nervös oder aggressiv. Würdevoll, intelligent und unabhängig.
Kopf, Schädel. Kopf lang und schmal; Schädel zwischen den Ohren mäßig breit, nicht gewölbt, Stop nicht ausgeprägt, insgesamt große Qualität aufzeigend. Nase schwarz oder leberfarben.
Augen. Dunkel bis haselnußbraun, leuchtend, groß und oval, nicht hervortretend.
Ohren. Lang und beweglich, nicht zu tief angesetzt, dicht am Schädel hängend getragen, mit langem, seidigem Haar bedeckt. Sofern das Ohr nach vorne gebracht wird, erreicht die Spitze des Ohrleders die Mundwinkel. Die Standardforderung wird erfüllt, wenn seidiges Haar nur auf der oberen Hälfte des Ohres wächst. Längeres Haar ist ebenfalls korrekt.
Fang, Gebiß. Starke Zähne und kräftige Kiefer mit einem perfekten,

regelmäßigen und vollständigen Scherengebiß, wobei die obere Schneidezahnreihe ohne Zwischenraum über die untere greift und die Zähne senkrecht im Kiefer stehen.

Hals. Lang, biegsam und gut bemuskelt.

Vorhand. Schräge, gut zurückliegende Schultern mit guter Muskulatur, dabei allerdings nicht grob wirkend. Tiefe, mäßig schmale Brust, die, von vorne betrachtet, kein umgekehrtes „V" darstellt. Vorderläufe gerade und lang von den Ellenbogen bis zu den Vorderwurzelgelenken. Vordermittelfuß kräftig und leicht gebogen. Knochen nicht rund. Der Oberarm leicht schräg nach hinten liegend.

Körper. Ziemlich breiter Rücken, über der Lendenpartie ist die Muskulatur etwas gewölbt; kein Radrücken. Brustkorb lang und gut zurückreichend, weder tonnenförmig noch seitlich flach, gut aufgezogener Bauch. Wichtig ist eine ausreichende Länge der Lendenpartie.

24 *Saluki, Kurzhaar-Varietät*

Salukis, vier Wochen alt

Hinterhand. Weit voneinander entfernt angeordnete kräftige Hüft-beinhöcker. Angemessene Winkelung der Kniegelenke mit gut ausge-bildeten Ober- und Unterschenkeln. Tiefstehende Sprunggelenke.

Pfoten. Kräftig und geschmeidig, von mäßiger Länge; Zehen geringfü-gig mit Schwimmhaut verbunden, lang und gut gewölbt. An allen vier Pfoten sind die beiden inneren Zehen erheblich länger als die äußeren. Keine Katzenpfoten, auch nicht gespreizt, zwischen den Zehen befe-dert. Vorderpfoten zeigen mit sehr leichter Biegung gerade nach vorne.

Rute. Tief an das lange und sanft abfallende Kreuzbein angesetzt. Natürlich und leicht gebogen getragen. Auf der Unterseite gut befe-dert, jedoch nicht buschig. Erwachsene Tiere tragen die Rute außer beim Spielen nicht oberhalb der Rückenlinie. Rutenspitze reicht bis zu den Sprunggelenken.

Gangart, Bewegung. Leichtfüßig, Höhe gewinnend, mühelos, mit gutem Vortritt und gutem Schub. Der Körper hebt sich bei langen, flachen Schritten vom Boden ab, wirft sich jedoch nicht vorwärts. Kein Steppen oder Stampfen.

25

Haarkleid. Kurz, glatt, von seidiger Textur, an den Läufen, den Oberschenkeln und am Hintermittelfuß befedert. Welpen können wenig wollige Befederung an den Oberschenkeln und an den Schultern aufweisen. Befederung an der Kehle statthaft, aber nicht erwünscht. Die kurzhaarige Varietät entspricht dem vorstehenden Text, mit Ausnahme der Befederung.

Farbe. Weiß, creme, rehfarben, goldrot, grizzle, silbergrizzle, hirschrotgrizzle, tricolor (weiß, schwarz mit „tan"), schwarz mit „tan" sowie eine Kombination dieser Farben, z. B. rehfarben mit schwarzen Fransen, rot mit schwarzen Fransen, nicht gestromt.

Größe. Widerristhöhe der Rüden 58,5 bis 71 cm, Hündinnen entsprechend kleiner.

Fehler. Jede Abweichung von den vorgenannten Punkten sollte als Fehler angesehen werden, dessen Bewertung im genauen Verhältnis zum Grad der Abweichung stehen sollte.

Anmerkung. Rüden sollten zwei offensichtlich normal entwickelte Hoden aufweisen, die sich vollständig im Skrotum befinden.

Der Sloughi

Historisches

Schon im alten Ägypten, zur Zeit der Pharaonen, waren die Vorfahren des Sloughi bekannt. Abbildungen und Mosaike zeigen diese edlen Tiere. Eines der schönsten Mosaike, aus dem 3. Jahrhundert stammend, fand man in El-Djem/Tunesien. Der Sloughi ist bis heute in seiner Urtümlichkeit erhalten geblieben.

Als die Franzosen 1830 Algerien eroberten und Kolonien in Afrika errichteten, kamen sie in Verbindung mit Sloughis. Ab und zu konnte solch ein Tier mit nach Frankreich gebracht werden. So ist Frankreich das europäische Land, in dem Sloughis erstmals auftauchten und gezüchtet wurden. Früher war den Araberfürsten und den Scheichs der alleinige Besitz dieser Hunde vorbehalten.

Auf die Reinhaltung der Rasse wurde stets und wird noch heute sehr großer Wert gelegt. Nach arabischem Empfinden sind Windhunde die einzigen Hunde, die als „rein" gelten. So unterscheiden sie sich in einzigartiger Weise von allen anderen Hunden in diesen Gegenden.

Die traditionelle arabische Jagd ohne Feuerwaffen wäre ohne den Sloughi nicht denkbar, so daß diese Hunde den Besitzern ungewöhnlich wertvoll und teuer sind. Es heißt: Drei Dinge schätzt der Beduine mehr als alles andere: sein Pferd, seinen Sloughi und seinen Jagdfalken.

Zur Jagd wird der Sloughi mit aufs Pferd genommen. Im geeigneten Moment springt er ab, verfolgt das Wild und erbeutet es.

Der Araber schätzt seinen Sloughi. Er wird liebevoll behandelt, schläft auf dem Teppich im Zelt seines Herrn, wird mit Decken vor Kälte geschützt und mit Halsband und Talisman geschmückt. Er erhält das beste Essen. Stirbt er, wird er beweint und betrauert.

Welpen werden mit größter Sorgfalt aufgezogen, gegebenenfalls an der Brust der Frau genährt, und später vorsichtig und langsam für die Jagd trainiert.

Niemals würde der Beduine seinen Sloughi verkaufen. Er würde ihn höchstens als Zeichen ganz besonderer Wertschätzung oder aus Dankbarkeit für einen besonderen Dienst als Welpen verschenken.

Aber – die Zeiten haben sich geändert! Die Jagd ist verboten, die Scheichtümer existieren fast alle nicht mehr. Viele Tiere gingen verloren. Nur die stolzen, freiheitsliebenden Beduinen werden heute noch von ihren Sloughis bei ihren Streifzügen durch die im wesentlichen unberührten Wüstengebiete rund um die Sahara begleitet.

Heute sind es begüterte Araber oder Europäer in Marokko, Algerien und Tunesien, die sich der Zucht reinrassiger Sloughis angenommen haben.

Marokko hat den Anschluß an die internationale kynologische Dachorganisation, die FCI, gefunden und gibt den Standard für die Rasse heraus.

Die aktuelle Sloughi-Zucht in Deutschland begann 1971. Aus ihr gingen in den ersten 22 Jahren rund 900 eingetragene Tiere hervor, um die sich ein überzeugter Freundeskreis der Rasse gebildet hat.

Charakter

Seit Jahrtausenden hat er Freud und Leid mit den Menschen geteilt. Er ist voller Gegensätze: Spontan und mißtrauisch zugleich, gleichgültig und neugierig.

Bewundernswert ist seine Feinfühligkeit den Menschen gegenüber. Er ist dabei selbstbewußt und bewahrt seine Unabhängigkeit. Er ist sehr reaktionsstark. Seine Treue und seine Liebkosungen erweist er fast ausschließlich den eigenen Leuten. Fremden gegenüber benimmt er sich reserviert. Er ist wachsam und kann in kritischen Situationen die Verteidigung übernehmen. Seine Konstitution ist gesund, zäh und robust.

Er schließt sich eng dem Menschen an. Dem Herrn gegenüber, den er sich erwählt hat, ist er zärtlich und reagiert auf den Tonfall der Stimme. Wird er gescholten, ist er längere Zeit gekränkt. Will man ihn mit Gewalt erziehen, würde sein Stolz gebrochen und dadurch sein Wesen zerstört. Mit Liebe, Geduld und Gelassenheit hat man in der Erziehung den meisten Erfolg.

Im Hause liebt er die Behaglichkeit, ist absolut ruhig und gelassen. Durch seine eigentümliche Gesichtszeichnung mit den wie geschminkt aussehenden Augen wirkt er leicht träumerisch.

Sloughi, aus dem Ursprungsland

29

Wenn er aber ins Freie kommt, möchte er laufen und sich bewegen. Er läßt sich dann von Rufen oder Pfiffen zwar beeinflussen, man darf jedoch nicht meinen, man hätte ihn „unter Kontrolle". Erst wenn er sich ausgetobt hat, kommt er zu seinem Menschen-Kameraden zurück.

Wichtig ist, daß er bereits als Welpe den engen Kontakt zum Menschen bekommt und seine Prägung auf ihn erhält. So kann er im Menschen den Freund finden, dem er sich ein Leben lang anschließt.

Pflege

Sloughis halten sich selbst sehr sauber. Sonst ist die Pflege sehr einfach. Mit einer Noppenbürste oder einem Noppenhandschuh kann man ihn hin und wieder von vorn nach hinten, von oben nach unten durchbürsten.

Bei sehr feinem Haarkleid reicht es aus, ihn ab und zu mit einem feuchten Fensterleder leicht abzureiben. Zu Zeiten des Haarwechsels im Frühjahr und Herbst sollte er öfters gebürstet werden, um das Haaren in der Wohnung zu verhindern. Die Ohren sollten regelmäßig kontrolliert und die Zähne, besonders in späteren Jahren, von Belag freigehalten werden.

Standard: Sloughi

FCI-Nr. 188d
Ursprungsland: Marokko
Gesamterscheinung und Wesen. Der Sloughi ist ein zur Gruppe 10 gehörender Windhund. Ursprünglich aus dem Orient stammend, ist er seit Jahrhunderten in Nordafrika heimisch. Heutzutage ist er am weitesten in Marokko verbreitet.

Die Gesamterscheinung ist die eines sehr rassigen Hundes infolge seines Gangwerkes, seiner feinen Haut und seiner trockenen Muskulatur.

Obgleich adelig und stolz, ist er seinem Herrn gegenüber sehr anhänglich und beschützt ihn im Notfall. Sein Jagdtrieb befähigt ihn zu ausdauernder Leistung. Trotzdem weiß er die Bequemlichkeit einer Wohnung zu schätzen.

Widerristhöhe. Rüden 66–72 cm, Idealgröße 70 cm; Hündinnen 61–68 cm, Idealgröße 65 cm.

30 **Gebäude.** Bei einem Rüden von 70 cm Größe sollte die Länge des

Sloughi-Rüde

Körpers 67 oder 68 cm betragen. Bei einer Hündin der Idealgröße 65 cm sollte die Länge 62 oder 63 cm betragen.

Typ. Einheitlich, kurzhaarig.

Verwendung. Jagd auf Sicht. (In Deutschland allerdings verboten.)

Kopf

Gesamtbeschreibung. Im Profil ist der Kopf länglich, elegant, fein, aber ziemlich kräftig. Von oben gesehen bildet er ein verlängertes Dreieck. Der Schädel bildet den breitesten Teil, sich verjüngend bis zur Nasenspitze.

Schädel. Im Profil ist der obere Teil flach und ziemlich breit, von Ohr zu Ohr 12–13 cm, bei großen Hunden 14 cm, das ist aber ziemlich selten. Es ist an der hinteren Partie deutlich abgerundet, an beiden Seiten harmonisch einwärts gekrümmt. Die Augenhöhlen springen wenig vor. Ein kaum merklicher Stirnabsatz. Haube und Hinterhauptdorn sind sichtbar.

Stop. Wenig betont.

Fang. In Form eines länglichen, ohne Übertreibung spitz zulaufenden Dreiecks, in etwa so lang wie der Schädel. Der Fang ist geradlinig, von

Sloughi-Welpen

seiner Verbindung mit dem Schädel ab. Die Nasenspitze, nicht durch Knochen gehalten, bildet eine sehr leichte Abwärtsbiegung.

Nase. Nasenspiegel schwarz, etwas gewichtig.

Lefzen. Fein und geschmeidig, gut dem Unterkiefer anliegend. Mundwinkel so wenig wie möglich sichtbar.

Zähne. Normaler, kräftiger und regelmäßiger Kiefer, der Zange angepaßt.

Augen. Groß, dunkel, gut in die Augenhöhlen eingelassen, manchmal etwas verdeckt durch eine leichte Schräge der Augenlider. Der Ausdruck ist sanft, ein wenig traurig, der Blick voller Heimweh. Bei hellem Haarkleid ist das Auge im allgemeinen bernsteinfarben.

Ohren. Hoch angesetzt, hängend, gut am Kopf anliegend. Nicht zu groß, in Form eines an den Enden leicht abgerundeten Dreiecks.

Hals. Lang, sehr schlank. Im Profil ist der obere Teil leicht gebogen. Die Haut ist fein, gut anliegend, ohne Wamme. Das Fell ist kurz.

Gebäude

Rücken. Kurz, nahezu horizontal.

Lende. Kurz, trocken, breit und leicht gebogen.

Kruppe. Knochig und schräg.

Brust. Nicht zu breit, knapp den Ellenbogen erreichend. In der Tiefe ist sie gut entwickelt. Die Rippen sind flach, sitzend an einem langen und hochgezogenen Brustbein. Bauch und Flanken sind gut aufgezogen.

Rute. Dünn, fleischlos, angesetzt an der Verlängerung der Kruppe, getragen unterhalb der Rückenlinie. Sie muß mindestens das Sprunggelenk erreichen.

Vorderläufe. Schulter lang und schräg. Kräftige Läufe. Oberarm knochig und muskulös. Handwurzel und Mittelhand geschmeidig und kräftig. Pfoten mager, ein längliches Oval. Bei vielen Sloughis des leichten Typs nahezu eine Hasenpfote bildend. Die Krallen sind schwarz oder farbig.

Hinterläufe. Oberschenkel flach und muskulös. Läufe lang und gut bemuskelt. Sprunggelenk kräftig, gut gewinkelt. Fessel stark, ohne Afterklaue.

Gänge. Schritt, Trab, Galopp, hauptsächlich Galopp.

Haut. Sehr dünn, gut anliegend, ohne Falten oder Wamme.

Haar. Sehr kurz, straff anliegend und fein.

Farbe. Sand-, Hellsand-, Rotsand-, Grausand-Farben, gestromt, mit oder ohne schwarze Maske, mit oder ohne schwarzen Mantel.

Fehler. Helle Augen. Kopf und Gebäude etwas plump. Zu starker Stop. Schlechte Proportionen. Schlechte Rückenlinie. Runde Rippen. Kruppe zu schräg, zu schmal oder ungenügend. Rute ungenügend, zu dick oder schlecht getragen. Bauch wenig aufgezogen. Grobes oder rauhes Haar. Kleiner weißer Brustfleck.

Eliminierende Fehler. Aussatz. Steh- oder Kippohren. Ohren zu lang oder zurückgelegt (Rosenohr). Halblanges Haar. Fransen an der Rute oder den Gliedmaßen. Weiße Stiefel. Weiße Abzeichen. Monorchiden oder Kryptorchiden. Über- oder Unterbeißer. Abweichende Farben.

33

Der Azawakh

Historisches

Der Azawakh-Windhund ist in Europa der jüngste Vertreter in der
Gruppe der orientalischen Windhunde. Obwohl er in seinem Her-
kunftsland bereits seit vielen hundert Jahren in seiner heutigen Form
existierte, nahm man erst Ende der sechziger Jahre von diesem
hocheleganten, glatthaarigen Windhund Kenntnis. Französischen und
kroatischen Windhundliebhabern ist ihre Einführung auf dem europäischen Kontinent zu verdanken. Eine konsequente Zucht mit Brei-
tenwirkung erfolgte in Deutschland und der Schweiz. Nach anfängli-
chen Schwierigkeiten mit der Einordnung dieses Windhundes in das
FCI-Rassespektrum setzte nach Inkrafttreten des Standards 307 im
Jahre 1981 eine stürmische Entwicklung dieser eigenständigen Rasse
ein und ist heute mit seinen mehr als 500 lebenden Exemplaren aus
der Windhundszene nicht mehr wegzudenken.

Der Azawakh ist als Hetz- und Gebrauchshund der traditionelle
Begleiter der Touareg- und Fulbe-Nomaden in der Steppen- und
Sahelregion der südlichen Sahara. Sein Verbreitungsgebiet umfaßt die
Grenzregionen der heutigen Staaten Burkina-Faso, Mali und Niger,
geographisch handelt es sich um das mittelwestliche nigerische Zentralplateau, das von dem über tausend Kilometer langen Azawakh-Tal
durchzogen wird und das als Namensgeber Pate stand.

Noch heute werden die Azawakhs von den Touareg zur Jagd auf
Gazellen, Schakale, Hasen und Mufflons eingesetzt, obgleich sich
die natürlichen Ressourcen dieser Region durch die vielfältigen
Einflüsse wie Dürreperioden, politische und ökonomische Um-
wälzungen innerhalb der ehemals autarken Touaregfraktionen
erheblich vermindert haben, so daß die vormals stattliche Hundepo-
pulation stark reduziert und die Rasse sogar in ihrem Bestand
bedroht ist.

Der kulturellen und geographischen Abgeschiedenheit der Touareg
und ihrem tiefreichenden Verständnis für Natur und Kreatur ist es zu
verdanken, daß die Azawakh-Windhundrasse bis in die heutige Zeit

Typischer Azawakh

ihre Rassigkeit und Eleganz, aber auch ihre Robustheit und Ursprüng-
lichkeit bewahren konnte.

Im Jahre 1975 wurde die erste Azawakh-Hündin in das deutsche
Zuchtbuch eingetragen. Zusammen mit später nachfolgenden Hunden
wurde eine erfolgreiche deutsche Azawakhzucht begründet, deren
Zuchtbasis Mitte der achtziger Jahre durch einige Direktimporte aus
den Ursprungsländern erweitert wurde. Diese Windhunde haben sich
unproblematisch aus der heißen Zone unseren hiesigen Verhältnissen
angepaßt.

35

Charakter

Der Azawakh hat sich bei uns viel von seiner ursprünglichen Art bewahrt. Er möchte als Familienmitglied gelten und verteilt seine Zuneigung auf alle Personen. Fremden gegenüber legt er eine anfängliche Zurückhaltung an den Tag, die aber bei näherer Bekanntschaft in freudige Begrüßung und Anhänglichkeit umschlagen kann, wobei er in der Vergabe seiner Gunst durchaus wählerisch sein kann. Er verfügt über eine ausgeprägte individuelle Psyche, die mitunter eine geduldige und einfühlsame Erziehung erforderlich macht. Er ist gelehrig und gehorsam, benötigt aber eine lenkende Hand und eine ständige Interaktion mit seinem Besitzer. Mangelnde Fürsorge und Kommunikation sowie fehlerhafte Aufzucht können bleibende neurotische Fehlentwicklungen nach sich ziehen und so zu einer nachhaltigen Störung des Zusammenlebens zwischen Hund und Mensch führen.

In der Hand eines erfahrenen Windhundbesitzers kann der Azawakh

Spielende Welpen

Kopfstudie

seinen ganzen Charme und seine ausgesprochene Klugheit voll zur Entfaltung bringen.

Wer ihm seine soziale Integration gewährt und ihm genügend Bewegung verschafft, wird in ihm einen dankbaren, freundlichen und liebenswerten Hausgenossen haben.

Pflege

Die Pflege des Azawakh ist denkbar einfach. Er liebt eine normale, abwechslungsreiche Kost; die Fellpflege – begünstigt durch seine Kürze – ist mittels eines feuchten Lederlappens oder eines Noppenhandschuhs rasch bewerkstelligt.

37

Azawakh – Bewegungsstudie

Standard: Azawakh

FCI-Nr. 307a

Ursprungsland: Mali; Patronatsland: Frankreich

Gesamterscheinung und Wesen. Kurzhaariger Windhund vom Zentralplateau des Niger in der Republik Mali, in Europa um 1970 aufgetaucht.

Gemäß seiner ursprünglichen Umwelt drückt sich sowohl in seinem Körperbau wie in seinem Wesen seine Berufung als Jäger schneller Beutetiere und als Begleiter des Menschen aus. Von ursprünglicher Wildheit, lebhaft und aufmerksam, bleibt er auch gegenüber ihm bekannten Menschen reserviert, kann aber liebenswürdig und sanft zu denen sein, denen er seine Zuneigung schenken will.

Besonders hochbeinig und elegant. Skelett und Muskulatur scheinen unter dem trockenen und feinen Hautgewebe durch.

Größe. Die Widerristhöhe des Rüden liegt zwischen 64 und 74 cm, die der Hündinnen zwischen 60 und 70 cm.

Format. Die Widerristhöhe ist größer als die Körperlänge. Dieses Verhältnis von etwa 90 % kann bei Hündinnen etwas größer sein. Die Hüften liegen immer höher als der Widerrist.

Typ. Der Azawakh-Windhund besitzt sehr betonte Züge von Feinheit und ein hochfederndes Gangwerk.

Verwendung. Die wichtigste Aufgabe dieses Windhundes ist die Jagd. Die für seine Ästhetik empfänglichen Nomaden betrachten ihn jedoch als Zeichen ihres Prestiges.

Kopf. Stolz hochgetragen, harmonisch, lang, fein, trocken, sogar wie ziseliert. Der Oberkopf ist fast flach und ziemlich langgestreckt.

Augenbögen und Stirnfurche sind wenig ausgeprägt, demgegenüber ragt der Hinterhauptstachel deutlich hervor.

Der Stop ist sehr schwach ausgeprägt. Der Fang ist lang, gerade, spitzt sich ohne Übertreibung zu. Die Wangen sind flach.

Die Breite des Oberkopfes muß deutlich geringer als die Hälfte der Gesamtlänge des Kopfes sein. Die Nasenlöcher sind gut geöffnet. Der Nasenschwamm ist schwarz oder braun. Die Lefzen sind dünn, fein und anliegend, schwarz oder leberfarben.

Die Kiefer sind lang und kräftig; Scherengebiß. Die Augen sind mandelförmig, ziemlich groß. Ihre Farbe ist je nach Farbe des Haarkleides dunkel oder bernsteinfarben. Die Lider sind häufig pigmentiert, was sehr geschätzt wird.

Die Ohren sind fein, immer hängend und flach, mit ziemlich breitem Ansatz, eng am Kopf anliegend, niemals als Rosenohr. Ihre Form ist die eines Dreiecks mit leicht gerundeten Spitzen. Am Ansatz richten sie sich auf, wenn der Hund aufmerksam ist.

Hals. Gut aufragend, lang, fein und muskulös, oft leicht gebogen. Die Haut ist fein. Der Hals hat keine Wamme.

Rumpf. Gerade Oberlinie mit gut herausragendem Widerrist. Die Lendenpartie ist kurz, trocken und stämmig-untersetzt. Die Hüfthöcker sind deutlich sichtbar und immer höher als der Widerrist. Das Becken ist sehr hoch gelagert, die Hüften sind hoch und gut herausragend, die Kruppe ist schräg, ohne abzufallen.

Das Verhältnis von Körperlänge (von der Spitze des Schulter-Oberarm-Winkels bis zum Sitzbeinhöcker) zur Widerristhöhe ist dergestalt, daß der Azawakh-Windhund ein hochgestelltes Rechteck bildet.

Der Brustkorb ist geräumig und gut nach hinten gezogen. Die Rippen sind gewölbt und sichtbar.

Rute. Lang, dünn und trocken, an der Spitze feiner als am Ansatz. Sie ist mit gleichem Haar bedeckt wie der übrige Körper und hat obligatorisch eine weiße Spitze.

Normalerweise wird sie hängend mit leicht aufgebogenem Ende getragen. Wenn das Tier aufgeregt ist, kann sie über die Rückenlinie erhoben werden.

Vordergliedmaßen. Lange, trockene Läufe. Sehnen und Knochen sind sichtbar. Die Schulter ist lang und trocken bemuskelt. Der Schulter-Oberarm-Winkel ist sehr offen. Unterarm, Vorderfußwurzel und Mittelhand bilden einen langen, feinen, senkrecht gestellten Lauf.

Die Pfote ist rundlich geformt, mit feinen Zehen; die Ballen sind pigmentiert.

Hintergliedmaßen. Wie die Vorderläufe lang und trocken. Der Oberschenkel ist lang mit hervorspringender, trockener Bemuskelung.

Die Hüft-Oberschenkel-Winkel und die Kniewinkel sind sehr offen. Hinterfußwurzel und Mittelfuß sind gerade und trocken, ohne Afterkrallen. Die Pfote ist rundlich geformt, die Ballen sind pigmentiert.

An allen vier Pfoten können die Krallen mehr oder weniger pigmentiert sein, jedoch wird eine schwarze Spur in mindestens einer Kralle gefordert, außer bei Hunden mit sandweißem Haarkleid, bei denen sie jedoch empfohlen ist.

Gangwerk. Immer sehr geschmeidig und besonders hochfedernd im Schritt und Trab.

Haut. Fein, am ganzen Körper anliegend.

Haar. Kurz, fein, weich anzufühlen. Am Bauch praktisch haarlos.

Farbe. Die Haarfarbe reicht von Sandweiß bis Braun über alle Farbnuancen von Gelb bis Rot. Es gibt schwarze Schattenmasken.

Eine leichte weiße Blesse am Kopf ist erlaubt, ein weißer Brustfleck und eine weiße Rutenspitze müssen vorhanden sein.

Weiß an allen vier Läufen ist außerordentlich erwünscht. Spuren von Weiß sind auf jeder der vier Pfoten obligatorisch.

Fehler. Schwerfälliges Gangwerk, betonter Stop, Stromung, fehlerhafte, nicht senkrechte Stellung der Gliedmaßen; untypische Gesamterscheinung, zu helles Auge, pigmentlose Stellen in Haar und Haut; fehlende weiße Abzeichen auf jeder der vier Pfoten und Fehlen einer schwarzen Spur in mindestens einer Kralle, außer bei sandweißem Haarkleid; Vor- und Rückbiß.

Disqualifikation. Fehlen eines oder beider Hoden. (Immerhin bewerten die Nomaden die Fehler in der angegebenen Rangfolge. Zum Beispiel kann das Fehlen eines weißen Abzeichens an einer Pfote ausnahmsweise toleriert werden, wenn der Hund im übrigen anatomisch perfekt ist.)

Geschlechtsteile. Rüden müssen zwei gleich entwickelte Hoden im Skrotum haben.

Was sollte vor dem Hundekauf beachtet werden?

Wohnt man in einer Etage, sollte man die anderen Mieter von dem beabsichtigten Hundekauf informieren. In einem freundschaftlichen Gespräch kommt man sicherlich überein. Das ist auf jeden Fall besser, als anschließend Ärger zu bekommen und den Hund unter Umständen wieder abgeben zu müssen.

Selbstverständlich muß auch der Vermieter zustimmen. Seine Zusage sollte man sich schriftlich geben lassen, wenngleich auch die mündliche Erlaubnis ausreicht; dadurch können Unannehmlichkeiten vermieden werden.

Der Hundehalter muß bedenken, daß nicht jeder einen Hund in der Wohnung oder im Haus haben möchte. Unter allen Umständen muß deshalb vermieden werden, daß der eigene Hund andere Leute belästigt. Rücksichtnahme ist das oberste Gebot eines jeden Hundehalters.

Wie verhält sich ein Hundehalter?

Wenn man seinen Hund mit in die Stadt nehmen will, muß man ihn vorher dorthin bringen, wo er sich lösen kann. Es ist für jeden widerlich, wenn auf den Straßen Hundekot herumliegt und man hineintritt. Sollte trotz aller Vorsicht einmal ein Malheur passieren, so hat der vernünftige Hundehalter immer eine „Fifi-Tüte" bei sich, mit der er problemlos den Kot seines Hundes aufnehmen und beseitigen kann. Selbstverständlich muß auch sein, daß der Hund auf Kinderspielplätzen nicht das geringste zu suchen hat.

Wenn man diese einfachen Grundregeln beachtet, erspart man sich selbst und den anderen Menschen viel Ärger.

Bei wem kauft man einen Windhund?

In Deutschland gibt es den Deutschen Windhundzucht- und Rennverband, kurz DWZRV genannt. Dieser DWZRV hat elf Landesgruppen

41

und ca. 45 Rennvereine. Die Geschäftsstelle gibt diesbezügliche Anfragen an das Zuchtbuchamt weiter. Von dort erfährt man die Adressen der Züchter, die Welpen haben. Die Anschrift finden Sie auf Seite 97.

Es ist immer günstig, wenn man sich vor dem Kauf eines Hundes auf einer Hundeausstellung umsieht. Dort kann man am besten die Vielzahl der Typen und Farben sehen und sich einen Hundetyp aussuchen, den man gern hätte. Gleichzeitig hat man auch Gelegenheit, mit Züchtern und Besitzern zu sprechen und sich über Möglichkeiten der Anschaffung eines (Jung-)Hundes genau zu informieren.

Zuchtschauen finden in allen Landesteilen vom frühen Frühjahr bis in den späten Herbst hinein statt. Auskünfte über Ausstellungstermine kann man ebenfalls über die Geschäftsstelle des DWZRV einholen.

Kauf eines Hundes beziehungsweise Welpen

Will man sich einen Welpen oder Junghund kaufen, muß man einige Dinge beachten:

Einen Hund kauft man nur beim Züchter, nicht im Handel, will man Ärger und Ausgaben vermeiden. Man läßt sich den Hund auch nicht schicken, sondern geht zum Züchter und schaut sich dort um. Wie sind die Hunde untergebracht, werden sie sauber gehalten? Ist genügend Auslauf für die Tiere vorhanden, wie sieht ihr Lager aus? Sind die Welpen zutraulich und vergnügt, lassen sie sich ansprechen, oder sind sie scheu und verkriechen sich? Das könnte ein Zeichen dafür sein, daß der Züchter sich nicht genug um die Welpen gekümmert hat. Dicke, runde Bäuchlein können gerade angefüttert worden sein, sie können aber auch das Zeichen für eine Verwurmung sein. Man muß sich erkundigen, ob und wie viele Wurmkuren gemacht worden sind. Junghunde sind sehr schnell von Würmern befallen. Der Züchter weiß das und wird Entsprechendes dagegen unternehmen. Ein verwurmter Hund bleibt in seiner Entwicklung nämlich zurück und die Impfung ist wirkungslos.

Auch die Mutterhündin sollte man unbedingt ansehen, in welcher Verfassung sie ist, abgemagert oder gut im Futter, trotz der Welpen gepflegt oder ungepflegt. Auch das Wesen der Mutterhündin ist wichtig. Wenn sie scheu ist, ist das nicht gut für die Welpen. Die Mutter erzieht ja ihre Welpen und gibt viel von ihrem Wesen an die Jungen weiter.

Die Farbe eines Hundes darf für den Kauf nicht ausschlaggebend sein. Zwölf bis 14 Jahre, manchmal sogar noch darüber, lebt man mit

Zwölf Wochen alter Kurzhaar-Salukiwelpe

seinem Hund zusammen. Daher ist das Allerwichtigste das Wesen des Hundes. Ein wesensfester Hund ist eine Freude für die ganze Familie.

Immer wieder taucht die Frage auf: Rüde oder Hündin? Das ist Geschmackssache. Die Hündin bekommt ein- bis zweimal im Jahr ihre Hitze. Es ist eine unangenehme Zeit. Mit den heute erhältlichen Mitteln, zum Beispiel Chlorophyll-Präparaten, kann man diese aber gut überbrücken. Um das Haus sauberzuhalten, zieht man der Hündin ein Höschen an. Dieses kann man im Fachhandel kaufen.

Der Rüde hat den Nachteil, daß er beim Spaziergang häufig stehenbleibt, um sein Bein zu heben.

Rüde wie Hündin sind gleich gute Kameraden, beide sind treu und anhänglich.

Ahnentafel und Impfpaß

Hat man sich einen Welpen oder einen Junghund ausgesucht, fragt man nach der Ahnentafel. Die Ahnentafel sollte von einem Verband ausgestellt sein, der den Zusatz VDH oder FCI trägt. Nur mit solchen Papieren kann man an Zuchtschauen, Windhund-Rennen und Coursings teilnehmen. Der VDH (Verband für das Deutsche Hundewesen, Sitz Dortmund) ist die Dachorganisation aller Rassehundvereine in Deutschland. Die FCI (Fédération Cynologique Internationale) mit Sitz in Belgien ist der Internationale Dachverband.

Beim Verkauf muß die Ahnentafel vom Züchter unterschrieben werden, und auf ihrer Rückseite wird der neue Besitzer eingetragen. Außerdem muß der Züchter den Impfpaß des Hundes mitgeben. Der Welpe muß einmal mit der Vierfachimpfung gegen Staupe, Hepatitis, Leptospirose und Parvovirose geimpft sein. Als Junghund muß er eine zweite Impfung bekommen, die ihn für ein Jahr vor diesen gefürchteten Krankheiten schützt. Der DWZRV macht seinen Mitgliedern das Impfen der Welpen zur Pflicht.

Was man sonst noch wissen sollte

In der Wohnung weist man dem Hund seinen Stammplatz zu. Windhunde liegen gern erhöht. Je nach vorhandenem Platz kann man zu diesem Zweck ein einfaches Holzgestell verwenden, in das ein altes Matratzenteil gelegt wird. Mit einer waschbaren Decke belegt, ist das ein schöner und sauberer Liegeplatz. Auch ein altes Sofa kann es sein, Hauptsache ist, daß das Lager nicht zu warm steht, jedoch vor Zugluft geschützt ist.

Dem Windhund muß unbedingt genügend Bewegung verschafft werden. Hat er sich draußen genügend ausgetobt, ist er in der Wohnung ruhig. Eine Haftpflicht-Versicherung abzuschließen ist ratsam, denn ein Unglück kann schnell passieren.

Die Hundesteuer ist in den einzelnen Ländern unterschiedlich. Ab dem vierten Monat muß der Hund beim Steueramt angemeldet werden.

Einzukaufen sind: Ein festes Halsband und eine gute, starke Leine. Bürste, Kamm und auch Spielzeug für den jungen Hund. Als Spielzeug geeignet ist aber auch ein alter Hut, ein alter Pantoffel oder einige zum Zopf geflochtene alte Nylonstrümpfe. Auch ein Lappen, in den man einen dicken Knoten macht, ist zum Spielen und ihn sich um die Ohren zu schlagen geeignet. Wichtig sind Futter- und Wassernapf, die peinlich sauberzuhalten sind. Frisches Wasser steht stets bereit.

Aufzucht und Erziehung

Der Welpe ist gekauft und hat jetzt ein neues Zuhause. Man darf nicht vergessen, daß das junge Tier seine gewohnte Umgebung sowie Mutter und Geschwister verlassen mußte. Es fühlt sich einsam und ist traurig. Darum nimmt man den Welpen im Auto auf den Schoß oder setzt sich mit ihm auf den Rücksitz des Wagens. Leises Sprechen und zärtliches Kraulen lindern seinen Schmerz. Gleichzeitig trägt das aber auch dazu bei, daß er sich sehr schnell an den neuen Menschen gewöhnt und Zutrauen faßt.

Ehe man mit ihm das neue Zuhause betritt, sollte man ihn auf eine Wiese führen, damit er sich lösen kann.

In der Wohnung wird der Kleine sehr vorsichtig und zurückhaltend sein, er beschnuppert alles Neue und nimmt es auf diese Weise in seinen Besitz. Auch das dauert seine Zeit, und man soll ihn ruhig gewähren lassen. Sicherlich hat der Züchter Futter mitgegeben. Man setzt es ihm nun vor und füllt einen Napf mit frischem Wasser. Wenn er nichts nimmt, stellt man nach einer Weile den Topf wieder weg. Sollte sich das Tierchen bisher noch nicht gelöst haben, muß es schnell noch einmal hinausgebracht werden. Jetzt ist der Kleine so müde, daß man ihn zu seinem Schlafplatz bringen muß. Er wird sich zusammenrollen und schlafen. Von dem vielen Neuen ist er völlig übermüdet. Es sollten auch nicht zu viele Menschen um ihn herum sein, die ihn anfassen wollen. Zuerst muß er sich einleben und lernen, wer zur Familie gehört. Es gibt eine Faustregel, die unbedingt zu beachten ist: Nach dem Fressen und nach dem Schlafen muß der junge Hund sofort nach draußen gebracht werden, damit er sich entleeren kann. Auf diese Weise bekommt man ihn am schnellsten stubenrein.

Ein guter Züchter gibt dem Käufer eines Welpen für die erste Zeit einen Futterplan mit. Man sollte auch mit dem Züchter in Verbindung bleiben, der sich immer dafür interessiert, wie es dem Kleinen geht und welche Fortschritte er macht.

Wie schon mehrfach gesagt, braucht der Windhund viel Bewegung. Natürlich kann man mit einem Welpen nicht stundenlang laufen. Man fängt langsam an und steigert die Länge der Spaziergänge. Der Welpe muß viel spielen können. Er tobt von sich aus nur so lange herum, bis er müde wird. Dann legt er sich hin und schläft. Viel Schlaf ist sehr wichtig für seine Entwicklung. Ein ausgewogenes Verhältnis zwischen kleinen Spaziergängen, Toben, Spielen und Schlafen ist das beste, was man seinem neuen Freund bieten kann.

Ans Fahrrad kann man einen Hund erst nehmen, wenn er ausgewachsen ist, also nicht vor etwa 15 Monaten. Auch damit fängt man langsam an und steigert die Ausflüge. Aber nicht mehr als eine halbe Stunde am Tag. Man wird es sehr schnell merken, was der Hund noch freudig betreibt oder wann er unlustig wird.

Ein Hund muß erzogen werden! Unerzogene Hunde sind für Menschen eine Qual. Man muß konsequent sein, damit der Hund das tut, was von ihm verlangt wird. Der Hund liebt seinen Meuteführer, der immer der Mensch sein muß. Von klein auf muß der Welpe wissen: Das ist mein Boß, dem habe ich zu gehorchen. Dann wird das Zusammenleben zwischen Mensch und Hund erfreulich. Auch der Hund ist glücklicher, denn – Unterordnen liegt ihm von alters her im Blut.

Am Tisch hat der Hund nichts zu suchen. Betteln wird von Anfang an verboten. Stehlen wird mit einem sehr hart gesprochenen „Pfui!" bestraft. Wenn er absolut nicht hören will, muß er auch schon mal einen Klaps bekommen. Es ist ein Ammenmärchen, daß ein Hund handscheu wird, wenn er die Hand mal spürt. Ein Hund, der liebevoll gehalten wird, weiß sehr genau zu unterscheiden, ob er zu recht gestraft worden ist. Man braucht nicht erst nach einer Zeitung zu suchen. Schlagen hat nur dann einen Sinn, wenn es sofort nach der Tat geschieht. Wenn man erst eine Zeitung holt, um ihm damit einen Hieb zu versetzen, kann er die Ursache längst vergessen haben und nimmt diesen Schlag dann übel. Direkte Strafe nach der Tat hat noch keinem Hund geschadet. Es gibt Hunde, die gleich ihren Kopf unter die Hand schieben, die zugeschlagen hat, und so um Verzeihung bitten. Unter Schlagen eines Hundes soll man selbstverständlich nur einen mehr oder weniger starken Klaps verstehen, nicht etwa richtige Hiebe. Die braucht ein Hund nicht, wenn er gut gehalten wird.

Man darf niemals vergessen, den Hund zu loben, wenn er brav war. Loben ist viel wichtiger als Strafen. Freundliche Worte und liebevolles Streicheln tun oft Wunder. Da Hunde sehr feinfühlig sind, mögen sie es auch gar nicht, wenn „ihr Mensch" traurig ist. Sie versuchen alles, um ihn wieder in gute Stimmung zu versetzen.

Stolze Afghanenhündin mit ihren Welpen

Ferien mit dem Hund

Viele Hotels nehmen Feriengäste mit Hund auf. Damit man jederzeit wiederkommen kann, muß man einige Dinge beachten:

● Man nimmt saubere Decken mit, damit ein guter Liegeplatz geschaffen werden kann.

● Futter- und Wassernapf müssen mitgenommen werden, desgleichen eine wasserdichte und abwaschbare Unterlage, um den Boden nicht zu beschmutzen. Hoteleigenes Geschirr ist ausschließlich für die Gäste da.

● Der Hund gehört nicht in den Speisesaal. Während des Essens legt man ihn im Auto ab oder läßt ihn auf dem Zimmer.

● Man muß stets dafür sorgen, daß der Hund nicht in die Betten geht, auch dann nicht, wenn man abwesend ist. Gegebenenfalls muß man ihn im Zimmer anleinen.

● Zum Kämmen geht man in den Wald oder auf die Wiese. Das Hotelzimmer ist nicht dafür geeignet.

● Unbedingt muß man dafür sorgen, daß der Hund keine anderen Gäste belästigt, denn nicht jeder Mensch mag Hunde.

Wer dies alles beachtet, wird einen schönen, gemütlichen Urlaub genießen können, ohne Ärger zu haben. Und – man darf immer wiederkommen!

Wie trainiert man einen Windhund?

Windhunde unterscheiden sich von allen anderen Hunderassen durch ein Merkmal: Sie jagen mit den Augen, nicht mit der Nase. Das ist bedingt durch ihre Schnelligkeit. Wenn sie mit der Nase am Boden laufen würden, um eine Spur aufzunehmen, könnten sie diese Schnelligkeit natürlich nicht entwickeln.

Heute dürfen Hunde nicht mehr frei in Wald und Feld laufen. Darum wurde für die Windhunde ein Ersatz geschaffen: das Hetzen hinter dem künstlichen Hasen auf Renn- und Trainingsplätzen sowie auf Coursings des DWZRV. Hier kann, soll und muß der Windhund seinen angeborenen Instinkt unter Beweis stellen.

Jagen beziehungsweise Hetzen in freier Windbahn kann der Windhund selbst aus seinem Instinkt heraus. Aber das Hetzen auf dem Parcours, einer abgesteckten Bahn, muß er erst lernen.

Etwa mit drei Monaten beginnt man zu Hause im Garten oder auf einer Wiese damit, den Hetzinstinkt des Junghundes zu wecken. Dazu benötigt man eine Angel, zum Beispiel einen Bambusstab oder etwas Ähnliches mit Schnur, an das man ein Hasenfell bindet. Mit dieser Angel reizt man den Hund, so daß er dem Fellstück nachläuft. Hat er das gelernt, geht man zur zweiten Phase über. Man schwenkt die Angel in einem Kreis über dem Kopf, so daß das Fell einen Bogen beschreibt. Der Kleine wird begeistert hinterherlaufen. Man nimmt einmal eine Drehung nach links, dann wieder nach rechts. So lernt der Junghund auch schon die ersten Anfänge des späteren Kurvenlaufens. Dieses Spiel betreibt man nur wenige Minuten, damit er nicht zu müde wird und die Lust verliert.

Zu beachten ist, daß man mit dem Stab weder den Hund berührt noch daß dieser sich in der Schnur verfängt. Das darf nicht passieren, der Kleine kann vor dem Fell dann Angst bekommen, und es ist sehr schwer, ihm diese Angst wieder zu nehmen.

Der Rennplatz hat ein ganz besonderes Fluidum, das der junge Hund kennenlernen muß, damit er sich heimisch fühlt. Möglichst früh sollte man mit ihm auf die Trainingsbahn eines Rennvereines gehen. Er muß sich mit der Umgebung vertraut machen, er muß es als

Selbstverständlichkeit betrachten lernen, daß viele Menschen und Hunde da sind, daß Stimmengewirr und Gebell zu hören sind. Der Kleine darf zunächst aber nur zusehen, nicht selber laufen! Auch kein kurzes Stück! Seine Knochen sind noch weich, die Sehnen dehnen sich noch, die Muskeln sind noch nicht fest. Niemals darf der junge Hund auf dem Trainingsplatz frei herumlaufen, er muß immer an der Leine geführt werden. Er muß lernen: „Hier ist mein Arbeitsplatz, kein Spielplatz!" Er soll auch nicht an einer langen Leine mit anderen Hunden spielen. Der Kleine kann noch nicht einschätzen, ob der andere Hund auch zum Spielen aufgelegt ist. Auf dem Rennplatz sind ältere und erfahrene Hunde aufgeregt und nervös, sie wollen ja hetzen. Sie wehren dann einen Hund, der spielen will, energisch ab, eventuell sogar durch Beißen, wenn der Mensch nicht aufpaßt. Das muß unter allen Umständen vermieden werden. Der Windhund muß voller Freude den Rennplatz betreten, denn hier kann er seine Hetzlust voll befriedigen.

Das Miteinanderlaufen im Rennen ist für die Orientalen ein Problem. Von Natur aus sind sie ja Alleinjäger. Sie müssen also daran gewöhnt werden, in einer Meute zu laufen. Vor allem der Hund, der als Einzelhund gehalten wird, kennt das Meuteverhalten nicht, er muß es also lernen. Am besten wendet man sich an den Trainingsleiter und bittet ihn, zwei ältere, erfahrene und zuverlässige Hunde der gleichen Rasse zu nennen. Nun führt man außerhalb des Geläufs den jungen Hund an der Leine herum. Dann nimmt man einen älteren Hund dazu und läßt beide an der Leine nebeneinander gehen. Jetzt kommt ein dritter Hund dazu. Zunächst läßt man den Junghund außen laufen. Dann wird er in die Mitte genommen. Schnell wird sich das Jungtier daran gewöhnen, daß die eng neben ihm gehenden Hunde keine Gefahr bedeuten, daß es schön ist, in einer Koppel zu laufen.

Diese Spaziergänge müssen so lange geübt werden, bis das Jungtier absolut sicher geht.

Mit acht beziehungsweise neun Monaten kann man mit dem Training beginnen. Einen Grundsatz muß sich der Neubesitzer zu eigen machen: Von Anfang an muß der Hund bis zum Ziel laufen!

Man beginnt also etwa in der Mitte der unteren Kurve und läßt den Neuling bis ins Ziel, etwa 100 m, laufen. Wenn er das einwandfrei kann, geht man ein Stück auf der Bahn zurück, etwa bis zur Hälfte der Gegengerade. So verlängert man langsam die Rennstrecke, bis zu den Boxen. Diese Strecke muß er einwandfrei laufen. Nun kann man das

Sloughi am Strand

Laufen aus dem Startkasten üben. Die Startklappe und die Türen läßt man offen. Der Hase wird vor den Kasten gelegt. Nun wird der Hund in den Startkasten geschoben, während das Hasenfell vorne bewegt wird, damit er seine Aufmerksamkeit darauf richtet. Hat er begriffen, daß man durch den Kasten laufen kann, schließt man die Türen und übt nun mit geschlossenen Türen. Wenn das klappt, kann er aus dem Startkasten die ganze Bahn bis ins Ziel laufen. Der Besitzer sollte seinem jungen Hund am Ziel ein Hasenfell zuwerfen, in das er sich dann verbeißen kann. Nicht vergessen: Immer loben, wie schön er gelaufen ist.

Nichts übereilen! Im Rennen starten dürfen diese Rassen erst mit 18 Monaten, es ist also genügend Zeit! Die Hetzlust muß geweckt werden, sie muß so stark werden, daß der Hund weder nach rechts noch nach links sieht. Er muß nur eines im Sinn haben: Ich will den Hasen kriegen! Es ist wichtig, daß man den Hund abwechselnd in die Boxen

51

Spielende Salukis

von 1 bis 6 setzt. Im Rennen muß er später auch aus jeder Box laufen können.

Jetzt muß der Neuling noch lernen, mit Maulkorb und Renndecke zu laufen. Die Renndecken sind in verschiedenen Farben mit Nummern 1 bis 6 zur Unterscheidung der Hunde. Wir benutzen leichte Drahtmaulkörbe oder solche aus Plastik, die die Hunde weder stören noch einengen dürfen. Sie müssen so gearbeitet sein, daß der Hund das Maul weit öffnen kann, um Luft zu holen. Am leichtesten lernt der Neuling das Maulkorb- und Renndeckentragen beim Spaziergang.

Zunächst wird er versuchen, den Maulkorb abzustreifen. Das dauert aber nicht lange, der Spaziergang ist viel zu schön. Er wird sich sehr schnell daran gewöhnen.

Beim Antrainieren soll der Hund zunächst nur ein- bis zweimal am Tag seine Trainingsstrecke laufen. Ist er ausgebildet und alt genug, darf er bis zu dreimal beim Training laufen. Er soll ja nicht überfordert werden, er muß Spaß am Rennen haben.

Wenn er das alles verstanden hat, wird er daran gewöhnt, mit anderen Hunden zu laufen und um den Hasen zu kämpfen. Zunächst werden ein bis zwei zuverlässige Rennhunde mit ihm an den Start gebracht. Der Junghund muß lernen, in einem Pulk zu laufen, zu überholen und sich überholen zu lassen, ohne daß er sich an den anderen Hunden stört. Er muß seine Bahn sauber ziehen. Zuletzt laufen sechs Hunde zusammen. Keiner darf den anderen angreifen.

Um Auseinandersetzungen zwischen den Hunden zu vermeiden, muß man die Tiere vor dem Einsetzen in den Startkasten an die ganz kurze Leine nehmen und sie auseinanderhalten. Alle sind nervös, wild auf das Laufen, das macht sie ungeduldig. Sie giften sich schnell an. Dann kann es passieren, daß sie ihre Auseinandersetzung auf der Rennbahn fortsetzen. Das ist eine böse Sache, denn angreifende Hunde werden disqualifiziert und dürfen am Renntag nicht mehr starten. Bei wiederholter Disqualifikation an verschiedenen Renntagen droht dann sogar eine Sperre für die nächsten Rennen.

Aus diesem Grund muß man sich sehr viel Mühe mit dem Training geben und den Hund sehr sorgfältig und vorsichtig ausbilden. Man hat ja Zeit dazu.

Jeder Neuling erhält vom Rennleiter eine Trainingskarte. Auf dieser wird vermerkt, wie der Hund sich bei den einzelnen Läufen verhalten hat und welche Fortschritte er macht. Ist der Junghund fertig ausgebildet, muß er sechs Testläufe an drei aufeinanderfolgenden Trainingstagen einwandfrei absolvieren. Hat er das geschafft, erhält er seine Rennlizenz.

Nun kann er in nationalen und internationalen Rennen sowie Coursings starten.

Windhunde sind Hochleistungstiere und müssen dementsprechend behandelt werden.

Ein Hetzhund, auch wenn er als Jungtier gerade anfängt zu laufen, muß vor dem Lauf „warm gemacht" werden. Liegt er im Wagen, wird er vor seinem Lauf herausgenommen und auf und ab geführt, bis die Muskeln locker werden und nicht mehr verkrampft, sondern geschmeidig sind. Man legt ihm eine Schabracke (Wärmedecke) auf, damit die Wärme erhalten bleibt.

Nach dem Lauf, auch wenn es ein noch so kleines Stück war, bekommt er sofort die Schabracke an und wird so lange geführt, bis er wieder normal atmet. Erst dann kann man ihn wieder im Auto ablegen. Es ist wichtig, den Junghund auch hieran zu gewöhnen. Später, im Rennen, ist das Warmhalten unerläßlich, will man Muskelzerrungen oder sogar Muskelrisse vermeiden.

Konditionstraining

Nun ist der Junghund ein fertiger Rennhund mit Lizenz. Um aber im Rennen auch Leistung zu bringen, muß er konditionell stark sein. Man beginnt mit einem Konditionstraining. Ein Fahrrad ist dazu sehr geeignet. Man nimmt den Hund an die Leine, die nur so lang sein soll, daß er am ausgestreckten Arm seitlich neben dem Fahrrad laufen muß. So kann er nicht in das Rad geraten. Wenn er gelernt hat, neben dem Rad zu bleiben, kann man die Leine locker lassen.

Der Trab ist für Hetzhunde die anstrengendste Laufart. Er ist gut geeignet, die Kondition zu kräftigen. Man beginnt mit höchstens 2-km-Fahrtstrecke, die der Hund im Trab läuft. Zwischendurch tritt man einmal etwas schneller, damit der Hund galoppieren kann. Dadurch streckt er sich und verkrampft nicht. Im Endeffekt wird es zu einem Intervalltraining.

Langsam steigert man dann die Strecke bis zu etwa 5 km. Eine solche Strecke genügt vollkommen, er soll ja nicht zu müde werden.

Dieses Intervalltraining kann man nicht jeden Tag machen. Zwischendurch geht man wieder einmal spazieren.

Vor allen Dingen muß man sich davor hüten, den Hund so stark zu trainieren, daß er am Ende übertrainiert ist. Dann kann er im Rennen gar nichts mehr bestellen, die Kraft fehlt. Mit einer vernünftigen Dosierung des Trainings hat man am meisten Erfolg: Der Hund hat Spaß am Laufen und „Häschen fangen" und genügend Kraft, um Rennen laufen zu können.

Das Rennen

Windhund-Rennen und Coursings werden von den einzelnen Rennvereinen, die dem DWZRV angeschlossen sind, ausgeschrieben. Zur

Rennbegeisterung

Meldung erhält man vorgeschriebene Meldeformulare, die ausgefüllt an die angegebene Adresse einzusenden sind. In der Ausschreibung zum Rennen ist angegeben, bis wann man den gemeldeten Hund einliefern muß, sowie die Höhe des Startgeldes.

Mitzubringen sind: Lizenzkarte, Tollwutimpfbescheinigung (die Impfung muß mindestens vier Wochen, höchstens zwölf Monate alt sein), Renndecke, Maulkorb, Schabracke, Trinknapf. Ist man lange unterwegs, empfiehlt es sich, leichtes Futter mitzunehmen.

Am Tag vor dem Rennen sollte der Hund leichtverdauliches, aber sättigendes Futter bekommen. Am Renntag selbst soll er morgens früh eine leichte Mahlzeit erhalten. Mit ganz leerem Magen rennt er nicht gut, nur darf der Magen nicht belastet werden. Unbedingt muß man dafür sorgen, daß er sich vor dem Laufen entleert.

Wichtig ist auch, daß der Hund eine gute, ausgiebige Nachtruhe hat. Der Rennverein stellt das Programm zusammen: Die Hunde laufen nach Rasse und Geschlecht getrennt. Nur wenn zu wenig Meldungen vorliegen, laufen Rüden und Hündinnen gemeinsam. Je nach Ausschreibung werden Vor-, Zwischen- und Endläufe gezogen. Die einzel-

55

nen Felder – bis zu sechs Hunde – werden vom Veranstalter zusammengesetzt.

Der Hund muß nach Aufruf fertig gesattelt (das heißt mit Maulkorb und Renndecke) zum Sattelplatz gebracht werden. Dort zieht der Besitzer die Nummer der Startbox. Auf Anweisung des Startkasten-Personals setzt er dann seinen Hund in die von ihm gezogene Startbox ein. Der Starter hebt die Fahne, der Hase wird angezogen. Die Hunde stürmen hinter dem Hasen her, jeder versucht, erster zu sein.

Nach Beendigung des Laufes fängt der Besitzer seinen Hund hinter der Ziellinie ein. Einlaufreihenfolge und gelaufene Zeit werden durch das Mikrofon bekanntgegeben. Der Veranstalter startet die weiteren Läufe nach der Einlaufreihenfolge.

Wenn das Finale sauber gelaufen wurde, werden die Teilnehmer eines jeden Endlaufes zur Siegerehrung geholt. Als Preise gibt es: Siegerdecken, Wimpel, Pokale, Plaketten, Erinnerungsgaben oder ähnliches. Die Ausgestaltung der Preise bleibt jedem Rennverein überlassen.

Coursing –
Die alternative Windhundsportart

Lange bevor es Windhundrennbahnen und Bahnrennen gab, kannte man auch in Westeuropa schon Coursings, das heißt die Sichthetzjagd auf flüchtige Beutetiere mit Windhunden. Aus der Jagd wurde schon frühzeitig – zunächst im wettbegeisterten Großbritannien – ein besonderer Sport. Und wie bei allen Sportarten stellte man dafür bestimmte Regeln auf, um die gebotenen Leistungen zu erfassen und zu bewerten; von der Rangfolge der Wettkämpfer hingen nicht nur die Wettgewinne, sondern auch die Preise für die Teilnehmer ab. Das Coursing als Windhundsportart neben dem Windhund-(Bahn)Rennen steht und fällt also mit einem vernünftigen Regelwerk. In Deutschland ist das Coursing mit lebenden Tieren allerdings verboten.

Hasen-Coursing

Am Beginn einer Betrachtung von im Coursing-Sport praktizierten Bewertungsarten muß das „Ur"-Coursing in Großbritannien stehen; denn von der Insel nahm diese Sportart ihren Ausgang und wurde in aller Welt nachgeahmt; angepaßt oder umgeformt, je nach den Verhältnissen und Möglichkeiten des übernehmenden Landes.

Oberstes Prinzip ist, daß der für eine Coursing-Veranstaltung eingeladene Richter jeden einzelnen Lauf allein und einheitlich so zu bewerten hat, daß der Hund mit der jeweils höheren erreichten Punktzahl zum Sieger erklärt wird. Zu diesem Zweck hat der Richter für die von jedem Hund in dem betreffenden Lauf gezeigte Leistung („the work done") anhand der festgelegten Punkteskala Punkte zu vergeben bzw. Abzüge vorzunehmen und unmittelbar nach dem Lauf durch Zeigen eines weißen oder roten Tuches den jeweiligen Sieger bekanntzugeben. Die bekanntgemachte Entscheidung des Richters ist unanfechtbar mit der Folge, daß der Siegerhund eine Runde weiterkommt, der Verlierer aus dem Wettbewerb ausscheidet. Die Reihenfolge der Starts und die Paarungen werden am Vorabend des Coursings aus den gemeldeten und erschienenen Hunden durch Los ermittelt und starr festgeschrieben; die erste aus dem Hut gezogene Nummer läuft immer im ersten Lauf unter rotem Kragen, die zweitgezogene Nummer im ersten Lauf unter Weiß, die dritte Nummer unter Rot im zweiten Lauf, die vierte unter Weiß im zweiten Lauf usw., woraus sich bereits unabänderlich die Paarungen bis zum Finale ergeben; denn in der zweiten Runde läuft der Sieger aus Lauf 1 unter Rot gegen den Sieger aus Lauf 2 unter Weiß usw. bis zum Schluß. Es entscheidet also Zufall bzw. Losglück bereits am Vorabend des Coursings über den Ablauf in zeitlicher und „personeller" Hinsicht.

Folgende Punkte sind zu vergeben:

a. *Geschwindigkeit:* 1–3 Punkte, und zwar allein bewertet zwischen Start und erstem Haken des Hasen. Hier zählt, ob ein Hund klar vor seinem Partner führt und wie groß der Führungsabstand ist, wobei besonders dann mehr Punkte vergeben werden, wenn der am ersten Haken führende Hund zunächst einen schlechteren Start hatte, weil er nicht gut geslippt wurde, zunächst keine Sicht auf den Hasen hatte oder einen äußeren Bogen laufen mußte. Diese 1–3 Punkte werden vorab und unabhängig von den folgenden Arbeitspunkten gezählt.

b. *Go-bye:* 2 bzw. 3 Punkte, letzteres bei einem Go-bye in einem Außenbogen. Diese Punkte werden einem Hund – ein- oder auch mehrmals im Rennverlauf – jedesmal dann gutgebracht, wenn er nach Beginn der Arbeit hinter dem ersten Haken klar eine Länge hinter seinem Partner liegt und diesen zwischen zwei Haken überholt und am nächsten Haken mindestens eine Länge Vorsprung gewonnen hat.

c. *Haken:* 1 Punkt, und zwar gilt als Haken („turn") in diesem Sinne nur eine Richtungsänderung des Hasen von mehr als 90 Grad.

d. *Wendung:* ½ Punkt, das ist eine Richtungsänderung von weniger als 90 Grad („wrench"), wobei der „turn"- bzw. der halbe „wrench"-Punkt jeweils dem Hund zugerechnet wird, der den Hasen zu der entsprechenden Richtungsänderung zwingt, weil er ihm so „im Nacken" sitzt, daß er ihn sonst ergreifen könnte.

e. *Der Kill:* Nur dann 1 Punkt, wenn der Hund den Hasen durch einen deutlichen Extrasprung packt und festhält, kein Punkt, wenn er ihn nur durch Zufall oder weil der Partner ihn ihm direkt vors Maul treibt, fängt.

f. *Killversuch:* 1 Punkt, und zwar, wenn der Hund einen deutlich erkennbaren Killversuch („trip") unternimmt, dabei den Hasen umwirft bzw. packt, der Hase jedoch wieder entkommen kann.

Punktvergabe in besonderen Situationen:

– Führt ein Hund eindeutig nach dem Start, vollführt der Hase jedoch nach einer gewissen geraden Strecke von sich aus eine Richtungsänderung, ohne von einem der Hunde dazu gezwungen worden zu sein, so daß also an sich kein Speed-, „turn"- oder „wrench"-Punkt zu vergeben wäre, so erhält der schnellere Hund einen Speed-, der langsamere einen „turn"-Punkt.

– Dreht ein Hase nach dem ersten Haken ganz offensichtlich in die Richtung des schwächeren Hundes und ermöglicht diesem so – ohne eigenes Verdienst –, einen erneuten „turn" oder „wrench" zu erzwingen, so erhält der derart begünstigte Hund je nach den Umständen keinen Punkt oder nur die Hälfte (also für einen „turn" allenfalls ½, für einen „wrench" ¼ Punkt) gutgeschrieben.

– Führt ein Hund vom Start an und nach den ersten Haken, zu denen er den Hasen gezwungen hat, mit 6 Punkten gegen 0 Punkte des Partners, so zählen die anschließend erzielten Punkte für den Überlegenen doppelt (also 2 pro „turn", 1 pro „wrench"), bis der Partner seinen ersten halben oder ganzen Punkt erhält.

– Ein Hund, der nicht oder schlecht arbeitet, kann niemals allein durch die am Anfang des Laufes erhaltenen Speed-Punkte den Lauf gewinnen. Ein solcher Fall könnte z. B. bei einem kurzen Lauf eintreten, in dem ein Hund nur Speed-Punkte, der andere nur „turn"- und „wrench"-Punkte erzielte: Hier gewinnt bei Punktgleichheit oder bei Speed-Punkte-Vorsprung der Hund, der mehr und besser gearbeitet hat.

Punktabzüge:

– Ein Hund, der die Verfolgung aufgibt, verliert den Lauf ohne Rücksicht auf sein vorher errungenes Punktekonto.

– Ein Hund, der ein Hindernis nicht nimmt, während der andere es überspringt, erhält von diesem Moment an keine weiteren Punkte für seine Arbeit mehr. Versucht er jedoch den Sprung, der dann mißlingt, gilt dies als Ende des Laufes für beide Hunde. Gewinner ist dann, wer bis dahin die meisten Punkte erreichte, bei Punktegleichheit der bessere Springer.

Von unbedeutenden sonstigen Regeln abgesehen, entscheidet also die 59

Geschwindigkeit und die entsprechende Überlegenheit über den Partner, wobei Speed- und Go-bye-Punkte mit 1–3 bzw. 2–3 (auch mehrmals) erreichten Punkten für einen auch am Hasen gut arbeitenden Hund den Ausschlag geben, die „turn"- und „wrench"-Punkte bei längerer Arbeit oder deutlicher Überlegenheit (z. B. durch Verdoppelung ab dem 6. erreichten Punkt) stark summieren können, der Mut beim Hindernisnehmen von entscheidender Bedeutung werden kann, während ein Kill oder Killversuch von völlig untergeordnetem Rang sind. Ein hervorragendes Coursing ist von besonders guter Arbeit am Hasen, nicht jedoch von einer möglichst großartigen „Strecke" getöteter Hasen gekennzeichnet. Geschicklichkeit und Wendigkeit als solche sind allenfalls kräftesparend, können durch Kraft und Schnelligkeit des Partners aber ausgeglichen werden; denn nicht, wer besonders schnell dreht, erhält den Punkt, sondern wer den Hasen zu eben diesem Drehen gezwungen hat und vielleicht durch Kraft und Ausdauer am schnellsten wieder an den Hasen kommt und dessen nächste Richtungsänderung erzwingt.

Ausstellungen

Ausstellungen finden vom frühen Frühjahr bis zum späten Herbst statt. Die Rennvereine des DWZRV veranstalten CAC-Zuchtschauen. CAC heißt die Anwartschaft auf das Deutsche Schönheits-Championat. Vom VDH werden CACIB-Ausstellungen veranstaltet, wo die Anwartschaft auf das Internationale Schönheits-Championat vergeben wird.

Für diese beiden Titel gibt es genau vorgeschriebene Bedingungen.

Außer den Championaten werden auf bestimmten Ausstellungen Titel vergeben, wie Bundessieger, Verbandssieger, Landessieger, Europa-Weltsieger.

Will man seinen Hund ausstellen, fordert man bei dem Veranstalter die Ausschreibung an. Die Meldeformulare füllt man vollständig aus und sendet sie an die angegebene Adresse. Die Meldegebühr zahlt man auf das vorgeschriebene Konto ein.

Nur ein gepflegter Hund ist ein schöner Hund. Geht es zu einer Schönheitskonkurrenz, muß er besonders gut gepflegt sein.

Einen Tag vor der Ausstellung wird der Hund gebadet. Danach wird er sorgfältig gekämmt. Er darf keine Filzstellen haben. Das trifft natürlich besonders für die Afghanen zu. Sie müssen am Ausstellungstag nochmals gut gebürstet werden, damit das Haar schön fällt. Auch kurzhaarige Hunde müssen gründlich durchgebürstet werden. Die Zähne dürfen keinen Belag haben, darauf legt der Richter großen Wert.

Anreise

Die Anreise zum Ausstellungsgelände soll möglichst früh erfolgen. Die Einlaßzeit ist in der Ausschreibung angegeben.

Bevor man die Ausstellungshallen betritt, sorge man dafür, daß der Hund sich gründlich lösen kann. Es ist wenig erfreulich, in den Gängen in Hundekot zu treten. Wenn der Hund Blase und Darm voll hat, ist er sehr unruhig. Er wird sich dem Richter auch nicht gut präsentieren. Darum achte man unbedingt darauf, daß er sich löst.

61

Was muß man mitnehmen?

Man benötigt eine gute Leine und ein starkes Halsband, von dem sich der Hund nicht losreißen kann. Für die Vorführung im Ring braucht man eine dünne Vorführleine mit einem dünnen Halsband. So kommen die anatomischen Vorzüge weit besser zur Geltung. Außerdem werden benötigt: eine Decke, damit der Hund nicht auf dem unbedeckten Boden liegen muß; Bürste und Kamm, damit man immer noch einmal das Haar bearbeiten kann; selbstverständlich darf auch der Wassernapf nicht fehlen.

Die Ahnentafel muß man dabeihaben, um sie bei Bedarf vorlegen zu können. Den Impfpaß benötigt man bereits beim Einlaß für den Veterinär. Auch hier gilt die Vorschrift: Tollwutschutzimpfung mindestens vier Wochen, höchstens ein Jahr alt.

Mitunter werden zusätzliche Papiere verlangt. Das steht dann aber jeweils in der Ausschreibung.

Der Besitzer sollte für sich selbst einen Klappstuhl mitnehmen. Eine Ausstellung dauert viele Stunden, man setzt sich gelegentlich gern einmal hin. Findet die Ausstellung in der Halle statt, sind für die Hunde Boxen vorgesehen. Man hat für seinen Hund eine Nummer bekommen, die der Besitzer an seiner Jacke gut lesbar befestigt hat. Die gleiche Nummer befindet sich an der Box, in die man seinen Hund ablegt. Vor dem Richten sollte man den Hund auf keinen Fall allein lassen, weil er sonst unruhig wird. Am besten ist es, wenn der Hund während des ganzen Tages einen ihm vertrauten Menschen um sich hat.

Ringdressur

Um seinen Hund gut präsentieren zu können, muß der Besitzer zu Hause mit ihm üben. Unerläßlich ist die absolute Vertrautheit zwischen Mensch und Hund. Beide müssen sich aufeinander einspielen.

Daß der Hund leinenführig sein muß, ist selbstverständlich. Er darf weder ziehen noch sich ziehen lassen. Er muß lernen, locker an der Leine zu gehen. Da im Ausstellungsring immer entgegen dem Uhrzeigersinn gelaufen wird, muß der Hund an der linken Seite gehen. Der Richter will ja den Hund und nicht den Besitzer begutachten.

Der Richter tastet den Hund ab und läßt sich das Gebiß zeigen. Das muß sich ein Hund unbeeindruckt gefallen lassen. Auch muß ein Hund lernen, ruhig im Ring zu stehen. Er soll sich auf seinen Besitzer konzentrieren und seine Mitkonkurrenten unbeachtet lassen.

Saluki in Bewegung

Der Besitzer muß sich mit dem Standard für seinen Hund vertraut machen. Einen absolut fehlerfreien Hund gibt es nicht. Es ist das gute Recht eines jeden Besitzers, eventuelle Fehler zu vertuschen, es zumindest zu versuchen, auf der anderen Seite Vorzüge hervorzuheben. Um das zu können, muß er, was die Schönheit anbelangt, seinem Hund gegenüber kritisch eingestellt sein und selber Fehler und Vorzüge kennen.

Besitzer und Hund müssen fleißig üben, um ein aufeinander eingestelltes Team zu bilden. Diese Mühe lohnt sich, da sich eine gute Ringdressur auf die Benotung auswirkt.

Das Vorführen im Ring

Der Besitzer orientiert sich selbst, wann er mit seinem Hund im Ring erwartet wird. Der Ringordner ruft die Nummern der Hunde auf. In dieser Folge reiht man sich mit seinem Hund ein.

Jeder Besitzer bemüht sich, seinen Hund gut zu präsentieren. Damit er ruhig bleibt, sollte man leise mit ihm reden und ihn streicheln. Man

63

konzentriere sich ausschließlich auf seinen Hund und kümmere sich nicht um die im oder am Ring stehenden Leute.

Der Richter betrachtet zunächst jeden Hund einzeln. Dann läßt er sie eine oder mehrere Runden laufen, um das Gangwerk zu begutachten. Anschließend nimmt er jeden Hund vor und tastet ihn nach Brusttiefe, Rückenfestigkeit und so weiter ab. Er schaut sich die Zähne an, prüft, ob das Gebiß vollständig und der Zahnschluß korrekt ist. Dann muß der Hund einige Schritte von ihm weg- und wieder auf ihn zulaufen. Dabei kann der Richter feststellen, ob die Läufe und Füße des Hundes parallel gesetzt werden. Nun wird dem Ringschreiber die Beurteilung diktiert. Wenn der Richter alle Hunde überprüft hat, läßt er sie nochmals gemeinsam und dann schließlich in der Rangordnung

64 *Bin ich schön genug für die Ausstellung?*

seiner Bewertung laufen. Wenn sein Urteil feststeht, vergibt er die Noten. Der Ringschreiber fertigt die Zertifikate aus und überreicht sie dem Besitzer. Das ist der übliche Ablauf einer Vorführung im Ring.

Der Besitzer eines Hundes sollte sich auf einigen Ausstellungen informieren, ehe er mit seinem eigenen Hund in den Ring geht. Es gibt Aussteller, die ihren Hund hervorragend vorführen, aber auch andere, die das nicht können. Wenn man am Ring steht und aufmerksam zusieht, kann man eine Menge lernen.

Eines aber muß sich jeder Aussteller zu Herzen nehmen: Fairneß ist im Ring oberstes Gebot. Nur e i n Hund kann der Beste sein und gewinnen. Unterliegen ist keine Schande. Der Richter hat sich viel Mühe gegeben und sein Urteil nach bestem Wissen und Gewissen gefällt. Der „gute Ton" gebietet, daß man seinem Konkurrenten zum Sieg gratuliert.

Für den Besitzer selbst ist der eigene Hund immer der Schönste, der Liebste, der Beste. Das ist gut so, und so muß es bleiben.

Soll ich züchten?

Mancher Hundebesitzer möchte gern züchten, weil er unbedingt von seinem Hund Nachkommen haben will. Er glaubt, daß er einen Hund mit dem gleichen Wesen, den gleichen Verhaltensweisen wieder bekommen kann. Das gibt es nicht! Genau so, wie jeder Mensch anders ist, die Kinder ihren Eltern nie ganz gleichen, genau so ist es mit den Hunden. Jeder Hund hat seine eigenen, speziellen Eigenschaften.

Will man züchten, muß man zuvor viel lernen. Züchten heißt nicht einfach vermehren, sondern aus Vorhandenem soviel wie möglich herausholen und das noch verbessern! Sehr intensiv muß man sich mit Vererbungslehre und ähnlichem befassen.

Hat man sich entschlossen, einen Wurf zu züchten, muß man sich einige unerläßliche Dinge vor Augen halten: Man braucht zum Beispiel Platz für einen Wurf, Platz für die Wurfkiste, in der sich die Hündin ausstrecken kann und auch die Welpen noch Platz haben. Diese Wurfkiste muß an einem geschützten Ort stehen. Für die Mutterhündin benötigt man einen zusätzlichen Platz, damit sie sich von ihren Welpen trennen kann. Wenn diese heranwachsen, müssen sie einen Auslauf ins Freie haben. Dieser Auslauf muß groß genug sein, damit sich die jungen Hunde gründlich austoben können. Man muß auch bedenken, daß im Garten kein Grashalm stehenbleibt!

Junge Hunde machen beim Spiel viel Lärm. Könnten sich Nachbarn dadurch gestört fühlen?

Hat man die Möglichkeit, die jungen Hunde auch zu verkaufen?

All dieses sollte gründlich überlegt werden. Hinzu kommt, daß die Aufzucht eine Menge Geld kostet. Futter, Aufbaumittel, Tierarzt, Impfungen und so weiter kosten Geld. Man muß auch damit rechnen, daß man die Jungen nicht schnell verkaufen kann, sondern daß sie Monate alt werden, ehe sich ein Käufer findet. Bleibt trotz dieser Überlegungen der Entschluß bestehen, einen Wurf zu wagen, kann man die eigentliche Zuchtplanung in Angriff nehmen. Man zieht die Ahnentafel des Hundes zu Rate und sucht einen passenden Rüden dazu aus. Man informiert sich über Fehler und Vorzüge des eigenen Hundes und des Partners. Am zuverlässigsten erhält man diese Informationen auf Ausstellungen, durch Richterberichte, durch das Studium der Ahnentafeln und durch Gespräche mit anderen Züchtern und Besitzern.

Ist die Hündin heiß geworden, fährt man – natürlich nach vorheriger, genauer Terminabsprache – am Decktag mit ihr zum Rüden. Bei der Paarung der Hunde sollte man die Natur walten lassen und nicht unbedingt erzwingen wollen, was von selbst nicht geht. Als Decktaxe kann man Geld oder einen Welpen vereinbaren.

Tragezeit und Werfen

Während der Tragezeit, die meist 59–63 Tage dauert, behandelt man die Hündin besonders fürsorglich. Das Futter soll gehaltvoller sein, und es müssen zusätzlich Vitamine, Kalk und Mineralien gegeben werden. Die Wurfkiste und das Welpenzimmer werden vorbereitet. Von der zu erwartenden Geburt setzt man vorsorglich den Tierarzt in Kenntnis, damit er gegebenenfalls zur Verfügung steht.

Und dann kommt der große Augenblick: Der erste Welpe wird geboren. Er kommt in einer Fruchtblase zur Welt und ist durch die Nabelschnur mit dem Mutterkuchen verbunden. Eine instinktsichere Hündin wird sofort die Hülle aufreißen und abnabeln. Dann frißt sie den Mutterkuchen auf. Das ist wichtig für die Milchbildung. Nun beleckt sie den Neugeborenen, putzt ihn sauber und wischt mit ihrer Zunge immer wieder über das Mäulchen, säubert es so vom Schleim. Wenn der Kleine dann schreit, ist alles in Ordnung.

Ein gesunder Welpe setzt sich sofort in Bewegung und kriecht zielsicher auf das Gesäuge der Hündin zu. Er sucht sich eine Zitze und saugt sich daran fest. Weitere Welpen werden geboren, es spielt sich immer wieder das gleiche ab.

So verläuft eine normale Geburt. Da es auch Komplikationen gibt, soll man den Tierarzt vorher benachrichtigen, damit er notfalls zu Hilfe eilen kann. Die Hündin verliert während der Geburt immer schwärzlich gefärbtes Blut. Die Lagerstatt wird naß und schmutzig. Es ist nicht schön, wenn die Welpen darin liegen. Mit Zellstoff oder alten Frottiertüchern kann man sich helfen, wenn man damit immer wieder die Wurfkiste frisch auslegt.

Ist die Geburt beendet, muß die Kiste gesäubert werden.

Dann aber braucht das Muttertier unbedingt seine Ruhe. Es hat sich verausgabt und muß neue Kräfte sammeln.

Afghanenwelpe,
sieben Wochen alt

Nachbarn und Freunde wollen den Wurf sehen. Das sollte man in der ersten Zeit nicht zulassen! Hündinnen können übernervös reagieren, wenn Besuch kommt. Sie werden versuchen, ihre Welpen vor diesen Gästen zu verstecken. Es gibt auch Hündinnen, die ihre Welpen verteidigen und Fremden gegenüber bissig werden.

Besonders in den ersten acht Tagen kann man die Hündin kaum dazu bewegen, ihre Welpen für kurze Zeit allein zu lassen. Gegebenenfalls muß sie dazu gezwungen werden. Sie muß sich lösen. Diese Gelegenheit benutzt man, um die Wurfkiste zu säubern und frisch auszulegen.

Das Heranwachsen der Welpen

Normalerweise braucht man sich in den ersten drei Wochen wenig um die Kleinen zu bemühen, das besorgt die Mutter. Sie aber muß gutes Futter erhalten und besonders liebevoll gepflegt werden. Sie freut sich, wenn man ihr ein gutes Wort sagt und sie streichelt und – ihre Kinder bewundert.

Bei den langhaarigen Hunden muß man jetzt darauf achten, daß die Bauchhaare nicht verfilzen und durch die Milch verkleben. Das Beste ist, wenn man die Haare um die Zitzen herum abschneidet.

Mit etwa neun bis zwölf Tagen machen die blind und taub geborenen Welpen die Augen auf, können aber noch nicht sehen. Nun muß man dafür sorgen, daß in die Wurfkiste kein grelles Licht fällt, das ist nicht gut für die Augen.

Mit etwa 14 Tagen fangen die Welpen an, in der Wurfkiste herumzukrabbeln. Sie werden immer kräftiger und wachsen schnell. Drei bis dreieinhalb Wochen alt, versuchen sie aus der Kiste zu kommen und die Welt zu erobern. Nun fängt man auch an, zuzufüttern, damit die Mutter bei Kräften bleibt. Die erste Wurmkur ist fällig, 14 Tage später die zweite.

So wachsen die Welpen heran. Die Mutter mag nicht mehr säugen, die nadelspitzen Zähnchen tun weh. Die Welpen müssen an der stehenden Hündin trinken. Immer mehr übernimmt der Mensch die Fütterung.

Der Auslauf der Jungen muß ständig vergrößert werden, um ihrem Bewegungsdrang entgegenzukommen. Nochmals wird entwurmt, damit etwa in der siebten Woche die Impfung durch den Tierarzt erfolgen kann.

Mit dem Heranwachsen der Welpen wird die Arbeit mit ihnen immer intensiver. Nicht nur das Füttern und Saubermachen, auch der Kontakt zwischen Mensch und Tier nimmt sehr viel Zeit in Anspruch. Das Schmusen und Spielen mit den Kleinen macht sehr viel Freude und läßt alle Arbeit und Mühe vergessen.

Vor dem Alter von zehn bis zwölf Wochen soll man keinen Welpen abgeben. Von der Mutter und den Geschwistern lernen sie soziales Verhalten. Diese Erziehung ist durch nichts zu ersetzen.

Kommen dann Käufer, um sich einen Hund auszusuchen, darf man nicht jedem einen Hund geben, nur um den Bestand an Tieren zu verringern. Nicht jeder Mensch ist geeignet, einen Hund zu halten, vor allem keinen Windhund. Man muß sich den Käufer sehr gut ansehen und sich ausführlich mit ihm unterhalten, um seine Einstellung zum Hund zu

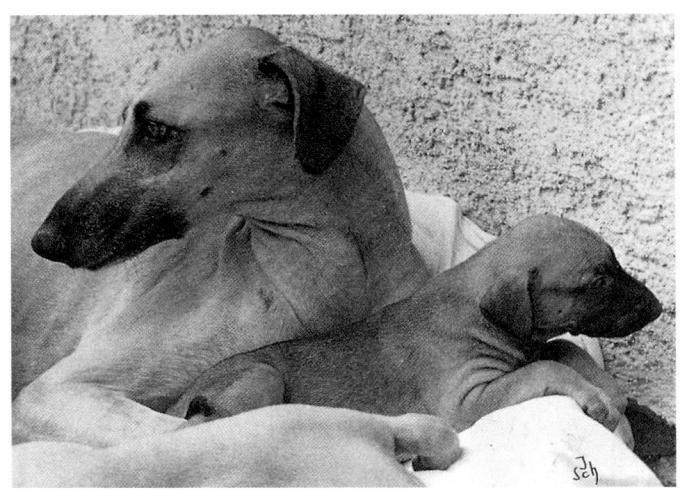

Sloughia mit Welpen

erfahren. Mit viel Liebe, Geduld und Mühe hat man seine Welpen großgezogen. Nun sollen sie auch nur an solche Menschen gegeben werden, bei denen sie liebevoll und artgerecht gehalten werden.

Vorschriften des DWZRV für die Zucht von Windhunden

Es darf nur mit angekörten Hunden gezüchtet werden. Die Deckmeldung muß innerhalb von drei Tagen nach dem Deckakt, die Wurfmeldung innerhalb von drei Tagen nach der Geburt der Welpen an den Landeszuchtwart der betreffenden Landesgruppe eingereicht werden.

Die Überprüfung der Zuchtstätte, des Gesundheitszustandes der Mutter und der Welpen sowie die Abnahme des Wurfes und die Tätowierung erfolgen innerhalb von vier bis sechs Wochen nach dem Wurftag durch den zuständigen Zuchtwart.

Folgende Papiere müssen dem Zuchtbuchamt zwecks Eintragung des Wurfes in das Zuchtbuch des DWZRV eingereicht werden:

Wurfmeldescheine, Wurfbesichtigungsbogen des Zuchtwartes, Deckbescheinigung des Rüdenbesitzers, Fotokopie der Ahnentafel des Rüden, Original-Ahnentafel der Hündin, Nachweis der Dreifach-Schutzimpfung der Welpen. Hat die Hündin mehr als 8 Welpen geworfen, gelten Sonderbestimmungen.

Aus der Geschichte der Verbände

Deutscher Windhundzucht- und Rennverband (DWZRV) e. V. 1892

1892 wurde der „Barsoi-Club zu Berlin" gegründet und mit dem 1903 entstandenen „Verband der Barsoi-Liebhaber" zusammengeschlossen und 1915 unter dem Namen „Deutscher Windhundclub 1892" eingetragen. Später wurde dieser Name nochmals geändert in „Deutscher Windhundzucht- und Rennverband e. V. 1892".

Bereits 1910 wurde das erste Zuchtbuch herausgegeben, mit Eintragungen von Barsois, Greyhounds, Whippets und Windspielen. Bis heute sind 34 Zuchtbücher erschienen.

Der Inhalt dieser Bücher: Zuchteintragungen der vom DWZRV betreuten Windhundrassen, Abhandlungen über die einzelnen Rassen, die verschiedensten Artikel über Zuchtfragen, Aufzucht, Verhaltensforschung, Gesundheitswesen und so weiter. Ferner enthalten sie umfangreiches Bildmaterial.

1910 wurde die erste Deutsche Rennordnung herausgegeben, die im Laufe der Jahre ständig verbessert und den Gegebenheiten angepaßt wurde. Die Rennvereine des DWZRV sind verpflichtet, ihre Rennen nach dieser Rennordnung auszutragen.

Der DWZRV hat etwa 5000 Mitglieder. Er ist in 11 Landesgruppen unterteilt. Ca. 45 Rennvereine gehören ihm an.

Der DWZRV gehört, wie jeder anerkannte Hundeverband, dem VDH, Verband für das Deutsche Hundewesen, dem nationalen Dachverband an.

Alle wichtigen Fragen erfahren unsere Mitglieder aus der Verbandszeitschrift „Unsere Windhunde", Offizielles Organ des Deutschen Windhundzucht- und Rennverbandes e. V.

FCI – Fédération Cynologique Internationale. Die FCI wurde 1911 gegründet und hat heute Mitglieder in der ganzen Welt. Sie ist der internationale Dachverband mit Sitz in Belgien (B-6530 Thuin). Der deutsche Vertreter in diesem Verband ist der VDH.

Auszüge aus der Rennordnung des DWZRV

Es wird eine Bahnlänge von 350 bis 500 m mit zwei Kurven, die überhöht sein können, gewünscht. Die Bahnbreite muß 6 m, im Scheitelpunkt der Kurve 8 m betragen. Sie muß eine Grasnarbe oder Sand aufweisen. Der „Hase" wird mit einer elektrischen oder motorangetriebenen Seilwinde gezogen. Heute haben die meisten Bahnen eine Endlosanlage.

Die Hunde starten aus nebeneinanderliegenden Boxen mit einer Startklappe. Sie müssen Rennmaulkörbe aus leichtem Draht oder Plastik tragen und farbige Renndecken mit den Nummern 1 bis 6.

Die einzelnen Boxen werden vor dem Start ausgelost, entsprechen also nicht den Nummern, die der Hund auf seiner Renndecke trägt.

Die einzelnen Rassen laufen nach Geschlechtern getrennt. Je sechs Hunde werden in einem Vorlauf zusammengefaßt. Gelaufen wird nach dem K.-o.-System. Über ein Viertel- und ein Halbfinale qualifizieren sie sich für den Endlauf. Es kommt auf die Meldezahlen an, wie die

Afghane im vollen Lauf

Sloughi-Junghunde

Läufe zusammengesetzt werden und wie oft die Hunde laufen müssen. Über den ganzen Tag verteilt laufen sie zwei- bis dreimal. Zwischen den einzelnen Läufen ist eine Mindestpause von 25 Minuten Vorschrift.

Ernährung

Die wildlebenden Ahnen unseres Hundes waren Jäger. Sie verzehrten ihre Beute mit Haut und Haar. Bevorzugte Leckerbissen waren die Innereien. Magen und Darm ihrer Beutetiere enthielten auch vorverdaute Pflanzen und wichtige Vitamine. Wölfe und Wildhunde fraßen also nicht nur Fleisch. Genauer wäre die Bezeichnung „Tierfresser". Aus Untersuchungen des Mageninhaltes wissen wir, daß darüber hinaus praktisch alles auf dem Speisezettel stand, was die Natur bot: Früchte, Samen und Gräser. Frösche und Schlangen, selbst Insekten wurden verzehrt. Nur so konnten der Hunger gestillt und genügend Vitamine und Mineralstoffe aufgenommen werden.

Angemessene artgemäße Nahrung hat der Hundehalter seinem Hund nach dem Tierschutzgesetz anzubieten. Unkenntnis und falsch verstandene Tierliebe können leicht zu Tierquälerei führen: Der Hund ist kein Resteverwerter. Mit Süßigkeiten ist ihm nicht gedient. Falsche Ernährung kann Fettsucht, innere Erkrankungen oder Hautkrankheiten verursachen. „Angemessen" ist nur eine gesunderhaltende Nahrung. Freßgewohnheiten der Wildtiere zeigen, wie das Futter zusammengesetzt sein muß:

Fleisch ist die Ernährungsgrundlage. Es enthält neben Salzen, Geschmacksstoffen und Vitaminen vor allem Eiweiß. Reines Muskelfleisch oder Herz kann ebenso wie ausschließlich minderwertige sehnige, häutige oder knorpelige Teile zu Verdauungsstörungen führen. „Artgemäß" ist eine aus leichter und schwerer verdaulichen Bestandteilen gemischte Fleischgrundlage. Dazu gehört auch tierisches Fett. Es dient als Energiequelle.

Pflanzen enthalten neben Eiweiß, Vitaminen und Mineralstoffen vor allem Stärke und Zucker. Diese Kohlehydrate liefern ebenfalls Energie. Sie muß aber bei den meisten Nährmitteln durch Erhitzung „aufgeschlossen", das heißt verdaulich gemacht werden. Für Sättigung, Darmfüllung und geregelte Verdauung sorgen unverdauliche Rohfasern, die vor allem in Rohkost, aber auch in Hundeflocken, weniger aber in gekochtem Reis enthalten sind. Ungesättigte Fettsäuren aus Pflanzenölen sind vor allem für gesunde Haut und glänzendes Fell wichtig.

Kopfstudie

Für den gesunden Hund ist eine Ergänzung der Fleischgrundlage durch aufgeschlossene rohfaserhaltige Pflanzenkost das Richtige.

Eine vielseitig zusammengesetzte Nahrung enthält auch Vitamine. Das sind Wirkstoffe, die für Stoffwechselprozesse wie Blutgerinnung, Nervenfunktion oder Infektabwehr benötigt werden, die der Körper jedoch selbst nicht produzieren kann. Mineralstoffe und Spurenelemente sind nicht nur für den Knochenbau, sondern auch für viele andere Stoffwechselprozesse unerläßlich.

Eine Wissenschaft für sich?

Erhaltungs- und Leistungsbedarf, Nährwerttabellen, Kalorien und Joule – das ist schon eine Wissenschaft für sich – beflügelt durch die Futtermittelindustrie. Bei allem Respekt wundert sich der Praktiker, daß trotz Unkenntnis und Fehlern früherer Zeiten die Spezies Haushund nicht längst ausgestorben ist. Zum besseren Verständnis genügen folgende Überlegungen:

75

Der Körper des erwachsenen Hundes befindet sich in einem dauernden Umbau. Zur Erhaltung der Körpersubstanz sind daher Eiweißbausteine erforderlich, für die damit verbundenen Stoffwechselvorgänge Energielieferanten, Vitamine und Mineralstoffe. Das Futter soll in der Trockenmasse etwa ein Drittel Eiweiß, mindestens fünf Prozent Fett und höchstens die Hälfte Kohlehydrate enthalten.

Welpen und Junghunde brauchen für ihr Wachstum mehr Nahrung als gleich schwere erwachsene Hunde, bis zum sechsten Monat etwa doppelt soviel und dann immerhin noch fünfzig Prozent mehr. Ihr Futter soll zu zwei Dritteln, später mindestens zur Hälfte aus Fleisch und anderen Eiweißstoffen bestehen.

Diese Richtwerte gelten nur bei normaler Belastung. Besondere Leistungen erfordern eine Zulage. Als Fleischfresser kann der Hund zwar auch aus Eiweiß Energie gewinnen, die Ausbeute ist jedoch gering (und teuer). Zugelegt werden daher kohlehydrathaltige Futtermittel. Erhaltungs- und Leistungsbedarf sind praktisch nicht zu trennen. Bei Dauerarbeit kann bis zu viermal mehr Energie als bei Ruhe verbraucht werden.

Die wichtigsten Grundregeln

Die Futterration kann nicht mit der Briefwaage abgemessen werden. Neben Alter und Leistung ist die individuelle Veranlagung des Hundes ausschlaggebend. Es gibt gute und schlechte Futterverwerter. Ein normal veranlagter, durchschnittlich beanspruchter erwachsener Windhund braucht täglich etwa 500 bis 1000 g Vollnahrung. Bei einem gesunden, gut ernährten Hund sollen die Rippen optisch leicht hervortreten. Die Hüftknochen müssen sichtbar sein, der Hund soll aber niemals einen ausgemergelten Eindruck machen.

Junghunde können unmöglich die tägliche Futtermenge auf einmal aufnehmen. Eine Magenüberladung wäre die Folge; Knochen, Bänder und Gelenke würden zu stark belastet und bleibende Schäden davontragen. Immerhin braucht ein halberwachsener Windhund bereits genausoviel Futter wie sein ausgewachsener Artgenosse. Die Ernährung der Welpen erfolgt zunächst genau so, wie der Züchter es gehandhabt und dem Käufer empfohlen hat. Umstellungsbedingte Verdauungsstörungen werden so vermieden. Dem Welpen wird die Eingewöhnung erleichtert.

Bis zum Abschluß des Zahnwechsels mit etwa sechs Monaten erhält der Junghund täglich zunächst vier, dann drei, später bis zum Abschluß des Wachstums mit etwa ein bis eineinhalb Jahren zwei Mahlzeiten täglich. Der Junghund darf zunächst noch etwas „Babyspeck" haben. Er hilft, Krankheiten besser zu überstehen. Mangelernährung in der Jugend ist kaum wiedergutzumachen.

Fresser werden nicht geboren, sondern erzogen: Der erwachsene Hund erhält täglich eine Mahlzeit. Was in einer Viertelstunde nicht aufgefressen ist, gehört in den Mülleimer. Wichtig ist eine regelmäßige feste Futterzeit, weniger wichtig, ob dies morgens, mittags oder abends ist. Stets soll jedoch der Hund nach dem Fressen ruhen, so wie es auch Wildtiere nach ergiebigem Mahl zu tun pflegen. Bei „Sport und Spiel" besteht die Gefahr, daß sich ein gefüllter Magen verdreht – eine lebensgefährliche Situation. Das Futter soll vielseitig sein, damit es alle benötigten Nährstoffe enthält. Der Hund braucht aber keine Geschmacksabwechslung. Er kann durchaus dauernd das gleiche Futter erhalten, wenn dies optimal zusammengesetzt ist.

Fertigfutter – sicher, bequem und preiswert

Die Vorurteile gegen Fertigfutter sind überholt. Es entspricht in Eiweißanteil und sonstigen Inhaltsstoffen den wissenschaftlichen Erkenntnissen. Durch moderne Konservierungsverfahren werden Vitamine weniger geschädigt als durch haushaltsübliches Kochen. Krankheitserreger im Fleisch werden bei der Herstellung abgetötet. Ein weiterer Vorteil ist die praktische Vorratshaltung. Auf Reisen ist Fertigfutter die einfachste Futterlösung. Es ist nicht teurer als selbstzubereitetes Futter. Gegen Fertigfutter gibt es eigentlich nur einen Einwand: Artgemäßerweise frißt der Hund Rohes, nicht aber Gekochtes.

Dosenfutter enthält reichlich Eiweiß. Das Etikett muß genau gelesen werden: „Vollnahrung" enthält bereits pflanzliche Futtermittel und ist futterfertig. Zu „Fleischnahrung" müssen noch Flocken, Reis oder Gemüse hinzugemischt werden. Als vermeintlicher Nachteil werden vielfach die großen Kotmengen nach Verfütterung von Dosenfutter empfunden. Sie sind Folge des Rohfaseranteils und der damit verbundenen guten Darmfüllung. Geschwächte kranke Hunde reagieren bei plötzlicher Umstellung auf Dosenfutter gelegentlich mit Durchfall.

Fertigfuttermischungen aus Trockenfleisch und Nährmitteln werden mit warmem Wasser oder Brühe dickbreiig angerührt – eine unproblematische Futterzubereitung.

77

Trockenfutter enthält fünfmal weniger Wasser als normal feuchtes Futter. In einem Extranapf muß daher unbedingt Wasser angeboten werden. 200 g Trockenfutter haben etwa den gleichen Nährwert wie eine 850-g-Dose Vollnahrung oder 400 g Fleisch und 125 g Flocken. Zusätzliche „Leckerlis" sind Dickmacher!

Das Fertigfutter ist meist nach dem Bedarf erwachsener Hunde zusammengestellt. Junghunde erhalten daher als Eiweißzulage zusätzlich Fleisch oder Milcherzeugnisse oder aber gleich ein spezielles Welpen- oder Junior-Fertigfutter.

Eigener Herd . . .

Schwieriger ist es, seinen Hund mit selbstzubereitetem Futter zu ernähren. Man muß dazu einiges über Wert und Eigenschaften der Futtermittel wissen.

Fleisch ist die Futtergrundlage; Rinderpansen und Blättermagen, Herz, Fleischabschnitte, Maulfleisch, Leberabschnitte, Schlund, Milz und Nieren sind ein fast vollwertiger Ersatz für das zu teure Muskelfleisch. Euter, Lunge und „Schweineringel" sind nur bedingt und in kleinen Mengen geeignet. Besonders wertvoll ist „grüner" Pansen: Der rohe, ungereinigte Rindermagen enthält bereits vorverdaute Pflanzenteile und Vitamine, die aus den Pflanzen stammen oder im Pansen gebildet wurden. Haltbarer und weniger duftend ist der gereinigte und gebrühte „weiße" Pansen. Rohe Leber und rohe Milz haben eine abführende Wirkung und dürfen daher – je nach Kotbeschaffenheit – nur in kleinen Mengen zugegeben werden. Geflügelinnereien und Schweinefleisch sollten stets gekocht werden. Sie könnten sonst Durchfall verursachen oder die gefürchtete Aujeszkysche Krankheit übertragen. Die Fleischgrundlage sollte stets aus verschiedenen Bestandteilen bestehen. Bei einseitiger Zusammensetzung, zum Beispiel ausschließlich Pansen, können Eiweißbausteine fehlen, die der Hund braucht.

Andere Eiweißquellen können das Futter vervollständigen. Hunde mit gesunder Leber und Niere dürfen gelegentlich unverdorbenen Fisch, frei von harten Gräten, fressen. Junghunde bis zum sechsten Monat können täglich eine mit Milch hergestellte Mahlzeit erhalten. Bei älteren Junghunden muß Kuhmilch verdünnt werden. Erwachsene Hunde erhalten – wie in der Natur – keine Milch. Sie können den Milchzucker nicht verdauen. Dadurch wird der Darminhalt zu weich, Hauterkrankungen können die Folge sein. Besser als Kuhmilch sind

Welpenmilch-Präparate, die auch von älteren Hunden vertragen werden. Auch rohes Eiklar kann der Hund nicht richtig verdauen. Rohes Eigelb ist dagegen vor allem für junge und kranke Hunde gesund und bekömmlich. Gekochte und gebratene Eier verträgt jeder Hund. Viele Hunde mögen auch Magerquark – eine wertvolle Ergänzung hochwertigen Eiweißes, besonders für Junghunde. Käse ist entgegen alten Vorurteilen nicht schädlich. Käserinden, Wurstpellen, Geräuchertes und Gewürztes gehören nicht in den Hundenapf.

Einkaufsmöglichkeiten für Futterfleisch bieten Hundefutterhandlungen und Fleischereien sowie Zoogeschäfte und Supermärkte. Frisches Futterfleisch ist leicht verderblich und sollte auch bei Kühlung nicht länger als zwei Tage aufbewahrt werden, gekochtes hält sich ein bis zwei Tage länger. In der Gefriertruhe kann man Fleisch etwa drei Monate aufbewahren, zweckmäßigerweise in dicht schließenden Plastikbeuteln portionsweise verpackt.

Die Zubereitung des Futters erfordert nur wenig Aufwand. Da der Hund sein Futter nicht kaut, sondern schlingt, wird das Fleisch in maulgerechte Happen geschnitten, aber nicht wie Hackfleisch zerkleinert. Viele Hundefutterhändler nehmen dem Käufer diese Arbeit ab. Das frische oder aufgetaute Fleisch wird mit heißem Wasser angebrüht. So bleibt es innen roh, wird aber leicht erwärmt. Eiskaltes Futter ist Gift für den Hundemagen.

Als pflanzliche Ergänzung können gekochte Haferflocken, Graupen oder Reis zugegeben werden. Einfacher geht es mit „Hundeflocken", einem Gemisch getoasteter und daher verdaulicher Getreideerzeugnisse mit ausreichendem Rohfasergehalt. Zwei Maß Flocken werden einem Maß Fleisch mit warmem Wasser hinzugemischt. Das Futter soll dickbreiig, nie suppig sein. Junghunde erhalten Flocken und Fleisch zu gleichen Raumteilen. Von Fall zu Fall sollen die Flocken ganz oder teilweise durch Gemüse ersetzt werden, das mit einer Gabel zerdrückt wird. Es schadet nichts, wenn Essensreste leicht gesalzen sind. Der Hund braucht Kochsalz für eine einwandfreie Nierentätigkeit. Hülsenfrüchte und Kohl gehören allerdings nicht ins Hundefutter. Sie sind schwer verdaulich und verursachen Blähungen.

Rohkost, insbesondere fein zerkleinerte Möhren und Äpfel, sind eine sättigende und vitaminreiche Futterergänzung. Auch gehackte Petersilie oder Kresse und frische Obst- und Gemüsesäfte können das Vitaminangebot vervollständigen.

Zur Versorgung mit ungesättigten Fettsäuren – wichtig zum Beispiel für Haut und Haar – kann dem Futter einmal wöchentlich ein Teelöffel Pflanzenöl zugesetzt werden. Auch eine Scheibe Brot mit Pflanzenmargarine ist eine vorzügliche Ergänzung, insbesondere gut durchgebackenes Roggenbrot. Brot soll aber nie eingeweicht werden.

Für den Junghund ist eine ausreichende Vitamin-D-Versorgung zur Verhütung der Knochenweiche (Rachitis) besonders wichtig. Überdosierungen sind aber schädlich. Anstelle des Lebertrans sollten daher genau dosierbare Vitamin-D-Präparate nach tierärztlicher Verordnung gegeben werden. Bierhefe – Bestandteil vieler Hundeflocken – enthält auch B-Vitamine. Für den jungen Hund ist die Zufütterung von „Futterkalk" für Wachstum und Knochenbau unerläßlich. Aber auch der erwachsene Hund braucht eine Mineralstoffergänzung, weil selbstzubereitetes Futter nicht alle Stoffe in ausreichender Menge enthält. Speziell für den Bedarf des Hundes zusammengestellte Mittel sind besser und billiger als Kalktabletten für Menschen.

Knochen enthalten Mineralstoffe, sind aber schwer verdaulich und können hartnäckige Verstopfungen verursachen. Ihr Wert liegt vor allem in der Gebißpflege und der „Gymnastik" für die Kaumuskulatur. In Maßen können daher Hunde mit gesunden Zähnen Kalbs- und Rinderknochen erhalten.

Hundekuchen oder Kauknochen aus Leder erfüllen allerdings den gleichen Zweck. Ältere Tiere mit Verdauungsproblemen oder Zahnkrankheiten müssen auf Knochen verzichten. Harte Röhrenknochen, vor allem vom Geflügel, können splittern und Darmverletzungen verursachen. Kotelettknochen können in der Speiseröhre steckenbleiben. Sie gehören in den Mülleimer.

Fastentage müssen wildlebende Fleischfresser oft einlegen. Für Hunde mit Übergewicht ist ein Fastentag in der Woche ein probates Mittel zum Abnehmen. An den übrigen Tagen darf er sich einmal täglich sattfressen. Die fettarme Fleischgrundlage wird allerdings mit nährstoffarmer Lunge gestreckt, und statt der Flocken gibt es Weizenkleie und Rohkost. Einfacher, aber teurer ist ein Diät-Fertigfutter.

Wasser, immer frisch und sauber, nie eiskalt, muß dem Hund ständig zur Verfügung stehen. Ein gesunder Hund trinkt zwar bei normal feuchtem Futter kaum, muß aber doch bei Hitze, nach Anstrengungen oder zu bestimmtem Futter seinen Durst löschen können.

Ständig stark vermehrter Durst ohne erkennbaren Grund ist ein Krankheitszeichen.

Patentrezepte

Fragt man zehn Hundeexperten, erhält man sicher wenigstens neun „bewährte, für diese Rasse einzig richtige" Ernährungsanleitungen, von denen acht völlig richtig sind.

Trotz aller Erfahrung und wissenschaftlicher Akribie gibt es gottlob viele Möglichkeiten, seinen Hund artgemäß und ausreichend zu ernähren.

Man muß nur die angeführten Ernährungsregeln mit etwas Verständnis beachten – sei es mit Fertigfutter, sei es mit einem eigenen, auf Haushalt, Hund und Geldbeutel abgestellten Spezialrezept, sei es auch mit beidem.

Jeder Züchter gibt in der Regel einen Futterplan für den Welpen mit, der fürs erste folgendermaßen aussehen kann.

Speiseplan für vier Mahlzeiten: Morgens: Quark, Dickmilch, Joghurt oder Kefir, ein rohes Ei, ein Teelöffel Apfelessig, einen halben Eßlöf-

Sloughi –
aufmerksamer Blick

81

fel Honig, Hundeflocken. Mittags: Rohes Fleisch mit Fertigfutter untermischt. Eventuell kann man etwas Brühe, aus Kalbsknochen gekocht, darübergeben. Nachmittags: Wie morgens, aber ohne Ei. Abends: Wie mittags.

Das rohe Fleisch wird zunächst in etwa fünfmarkstückgroße Teile geschnitten, später gibt man große Stücke, damit der Hund etwas zu beißen hat. Die einzelnen Portionen sollen so sein, daß der Hund sie gerade auffressen kann. Nicht aufgefressenes Futter wird weggenommen. Zusätzlich benötigt der Junghund Aufbaustoffe: Kalk, Mineralstoffe und Vitamine.

Gesundheit

Vorbeugen ist besser als Heilen

Artgerechte Haltung, Pflege und Ernährung sind Voraussetzungen für die Gesundheit. Das seelische Wohlbefinden des Hundes ist so wichtig wie das körperliche. Der gesunde Hund nimmt aufmerksam und lebhaft Anteil an seiner Umgebung. Er ist kräftig und ausdauernd. In der Ruhe atmet er 10- bis 20mal, das Herz schlägt 70- bis 100mal in der Minute. Die Körpertemperatur liegt um 38,5 °C. Gesundheit ist mehr als „Freisein von Krankheiten", sie schließt Widerstandskraft gegen Infektionen ein. **Haarkleid und Haut** sind nicht nur Schutz gegen die Unbill des Wetters. Stumpfes Haar und Haarausfall, unabhängig vom normalen Haarwechsel, deuten auf innere Erkrankungen hin. Die Haut soll frei von Schuppen und Rötungen sein, kein Juckreiz plagt den Hund.

Flöhe, Läuse und Haarlinge kann auch der gepflegteste Hund von einer Hundebegegnung mitbringen. Bei Juckreiz werden als erstes die Haut auf Flohstiche – bis zu linsengroße, geschwollene Rötungen – und das Fell auf Parasitenkot – kleine schwarze Pünktchen – abgesucht. Lieblingssitze der ungebetenen Gäste sind die Innenflächen der Hinterbeine, die „Achselhöhlen" und die Ohrmuscheln. Bei leichtem Befall genügt ein Flohpuder oder -spray. Wirksamer sind Waschlösungen, die das Fell bis auf die Haut benetzen, oder verschreibungspflichtige Mittel, die auf die Haut getropft werden und bis zu vier Wochen wirken. Das Ablecken solcher Mittel muß aber unbedingt verhindert werden. „Anti-Floh-Halsbänder" geben bis zu vier Monate gas- oder puderförmige Wirkstoffe ab. In Hundehütten können bei einigen Halsbändern Giftgaskonzentrationen auftreten, die auch für den Hund bedenklich sind. Manche Halsbänder verlieren zudem durch Nässe an Wirksamkeit. Bei Flohbefall muß immer das Lager des Hundes mitbehandelt werden. Moderne Spezialmittel töten dabei nicht nur „erwachsene" Flöhe, sondern stoppen auch die weitere Entwicklung der Flohlarven. Hundedecken werden am besten ausgekocht, Teppiche regelmäßig gesaugt und Stroh in der Hütte gewechselt.

Zecken lassen sich aus dem Gebüsch auf den Hund fallen, beißen sich in der Haut fest und saugen sich mit Blut voll. Sie sehen dann wie prallgefüllte graubraune bis zu kirschkerngroße Säckchen aus. Je länger sie saugen, desto größer ist in bestimmten verseuchten Gegenden die Gefahr, daß eine für Hunde gefährliche Infektionskrankheit, die Borreliose, übertragen wird. Deshalb sollten Zecken so rasch wie möglich entfernt werden. Sie dürfen aber nicht einfach ausgerissen werden, weil dabei die Beißwerkzeuge in der Haut steckenbleiben und Entzündungen verursachen können. Am besten erfaßt man die Zecke mit einer Spezialpinzette und hebelt sie drehend aus der Haut heraus. Man kann sie aber auch mit Alkohol, „Desinsektspray" oder in Öl eingehüllt betäuben und dann herausdrehen, sofern sie nicht innerhalb einer halben Stunde abgefallen ist.

Die Ohren sollten alle vier Wochen gereinigt werden. Mit Wattestäbchen kann man das Trommelfell zwar kaum verletzen, das Ohrschmalz aber in der Tiefe zusammenstopfen. Besser ist ein alkoholischer Ohrreiniger, der randvoll ins Ohr eingegossen und bei zugedrückter Ohrmuschel durchmassiert wird. Das gelöste Ohrschmalz kann der Hund dann selbst ausschütteln, vorzugsweise im Freien. Dunkle, übelriechende Beläge im Ohr zeigen eine Entzündung an. Meist wird sich der Hund dann auch am Ohr oder – scheinbar – am Halsband kratzen und den Kopf schütteln. Ursache des „Ohrenzwanges" können Ohrenmilben, Grasgrannen oder andere Fremdkörper sowie Bakterien und Pilze sein. Wenn zwei- bis dreimalige gründliche Reinigungen mit dem Ohrreiniger keine Besserung bringen, ist eine gezielte Behandlung erforderlich.

Die Augen werden mit einem Stückchen Mullbinde oder einem Taschentuch vom „Schlaf" gereinigt. Fusseln von Watte oder Papiertaschentüchern reizen die Schleimhäute. Bindehautentzündungen können auch durch Zugluft, Staub oder starke Sonne verursacht werden. Besonders anfällig sind Hunde, deren Augenlider dem Augapfel nicht eng anliegen. Zur Linderung werden Augentropfen in den heruntergezogenen Bindehautsack geträufelt. Borwasser wird heute nicht mehr verwendet, weil feine Kristalle als Fremdkörper wirken können. Länger andauernder wäßriger, schleimiger oder eitriger Augenausfluß sollte nicht mit Hausmitteln kuriert werden. Es könnte eine Infektion vorliegen. Wucherungen auf der Rückseite der Nickhaut müssen meist operativ behandelt werden.

Die Zähne werden durch Hundekuchen oder Knochen ausreichend gereinigt. Auch die Tortur des Zähneputzens kann Zahnstein nicht verhindern. Zur Entfernung weicher Beläge eignet sich am ehesten ein

Wattebausch, getränkt mit dreiprozentiger Wasserstoffsuperoxydlösung. Zahnstein ist ein fest anhaftender brauner Belag aus verhärteten Salzen. Fauliger Mundgeruch durch Zahnfleischentzündungen und -vereiterungen sowie Zahnausfall sind die Folgen. Zahnstein sollte frühzeitig fachkundig entfernt werden. Lose Zähne müssen gezogen werden. Der Hund kann auf schmerzende Zähne gut verzichten. Nach Entfernung der Eiterherde wird er sich auch allgemein wohler fühlen, denn sie können den Körper vergiften und zum Beispiel chronische Herzklappenentzündungen auslösen. Auch Milchhakenzähne, die beim Zahnwechsel nicht ausfallen, müssen gezogen werden. Sie können zu Stellungsfehlern im bleibenden Gebiß führen.

Die Analbeutel sollen eigentlich bei jedem Kotabsatz eine individuelle Duftmarke zur Revierkennzeichnung hinterlassen. Infolge der Domestikation funktioniert die Entleerung häufig nicht richtig. Sekretstauungen sind die Folge; den Juckreiz versucht der Hund vergeblich durch Rutschen auf dem After zu beseitigen. Dieses „Schlittenfahren" ist entgegen landläufiger Vermutung fast nie auf Wurmbefall zurückzuführen. Stark gefüllte Analbeutel müssen fachkundig ausgedrückt, vereiterte müssen tierärztlich behandelt werden.

Die Krallen werden bei normalem Auslauf auf festem Boden ausreichend abgelaufen. Nur bei krankhaftem Hornwachstum und Stellungsfehlern müssen sie geschnitten werden. Dabei soll die in der Kralle verlaufende Ader nicht verletzt werden. „Wolfskrallen", Überbleibsel der an sich verkümmerten fünften Zehe an den Hinterläufen, können bei Verletzungen stark bluten. Sie sollten vorsorglich amputiert werden. Das geschieht üblicherweise schon bei neugeborenen Welpen.

Erste Hilfe tut not

Hautverletzungen müssen genau inspiziert werden. Oberflächliche Abschürfungen und Schrunden können mit Hausmitteln behandelt werden. Auf jeden Fall werden im Bereich der Verletzung die Haare mit einer gebogenen Schere kurz abgeschnitten. Sie verkleben sonst mit dem Wundsekret; Vereiterung ist die Folge. Die Wunde wird mit Wundgel, -spray oder -tinktur behandelt. Fetthaltige Salben behindern den heilungsfördernden Luftzutritt, Puder verkrustet.

Bei tieferen Wunden mit Durchtrennung der Haut sollte umgehend ein Tierarzt hinzugezogen werden. Bei Beißereien und Stacheldrahtverletzungen wird die Haut oft vom Körper losgerissen, so daß tiefe Taschen entstehen. Haare und Schmutz in der Tiefe der Wunden müssen so weit wie möglich entfernt werden. Von Fall zu Fall ist zu prüfen, ob eine „offene Wundbehandlung" oder eine Naht besser ist. Nur frische Wunden können mit Aussicht auf komplikationslose Heilung genäht werden.

Eine offene, aus der Tiefe nässende oder eiternde Wunde darf der Hund belecken. In allen anderen Fällen wird die Wundheilung behindert, weil die zarten Heilungszellen am Wundrand gestört werden. Das Belecken von Wunden und das Abreißen von Verbänden können durch einen Halskragen verhindert werden. Aus einem passenden Plastikeimer wird der Boden herausgeschnitten. Die Schnittkanten werden abgepolstert, an vier Stellen durchlöchert und mit Bindfäden versehen, die am Lederhalsband festgebunden werden.

Wundstarrkrampf ist beim Hund selten. Impfungen sind daher nicht üblich. Zur Vorbeuge sollen Wunden ausbluten und nicht luftdicht abgedeckt werden. Wenn größere Adern verletzt sind, kommt es zu andauernden, starken Blutungen. Häufig tritt Blut im Strahl aus. Dann muß zur Ersten Hilfe ein Druckverband angelegt werden. An ungünstigen Körperstellen wie am Kopf kann auch von Hand eine Kompresse aufgedrückt werden. Gliedmaßen können abgebunden werden, die Abbindung muß aber viertelstündlich kurz gelöst werden. In solchen Fällen ist stets umgehend tierärztliche Hilfe erforderlich.

Unfälle können auch zu inneren Verletzungen und Gehirnerschütterungen führen. Bei Bewußtseinstrübungen soll nie Flüssigkeit eingeflößt werden. Die Maulschleimhaut kann aber mit Kaffee, Tee oder auch einfach mit Wasser befeuchtet werden. Der Hund wird seitlich mit tiefliegendem Kopf und herausgezogener Zunge auf einer Decke gelagert, die, von zwei Personen an den Ecken strammgezogen, auch als „Tragbahre" dient. Am Unfallort sind meistens die Diagnose und vor allem eine wirksame Schockbehandlung erschwert. Telefonisch sollte zur Vermeidung unnötiger Wege und Zeiten ein dienstbereiter Tierarzt verständigt und umgehend aufgesucht werden.

Lahmheiten können viele Ursache haben. Als erstes wird die Pfote untersucht. Dornen oder Splitter werden ausgezogen. Verfilzte Haare drücken zwischen den Ballen wie ein Stein im Schuh; sie werden daher vorsichtig ausgeschnitten. Wunde Stellen werden wie Hautverletzungen behandelt. Im Winter müssen Streusalzreste von den Pfoten abgewaschen werden. Bei Krallenbettentzündungen können warme Kamillen- oder Seifenbäder Linderung bringen. Lose Krallenteile werden an der Bruchstelle beherzt abgeschnitten. In vielen Fällen ist ein Verband erforderlich. Er muß fachkundig angelegt werden, um Druckstellen zu vermeiden.

Bei Schwellungen, Prellungen und Verstauchungen kann das Fell des betroffenen Körperteils mehrmals täglich mit kaltem Wasser durchnäßt werden. Das wirkt wie ein Kühlverband, lindert den Schmerz und hemmt – frühzeitig angewendet – weitere Schwellungen. Wenn ein Bein überhaupt nicht belastet wird, besteht Verdacht auf Knochenbruch. Bei stark abnormer Beweglichkeit kann die Gliedmaße durch eine Notschienung ruhiggestellt werden. Ein feuchtes Tuch, zwei ausreichend lange Stöcke und Binden oder Leukoplast genügen fürs erste. Die benachbarten Gelenke müssen mit fixiert werden.

Andauernde, wiederkehrende oder sich verschlimmernde Bewegungsstörungen sind stets ein Fall für den Tierarzt. Wirbelsäulenerkrankungen mit gespanntem Gang oder Nachhandschwäche treten nicht nur bei Dackeln auf. Bei Junghunden können schmerzhafte Knochenauftreibungen oder Ablösungen des Ellenbogenhöckers zu Lahmheiten führen. Ältere Hunde leiden oft unter chronischen Gelenkentzündungen. Die Hüftgelenksdysplasie (HD) ist erblich veranlagt: eine Abflachung der Gelenkpfanne begünstigt Arthrosen und Verrenkungen. Relativ oft wird das Humpeln auf einem Hinterbein durch eine Ausrenkung der Kniescheibe oder Riß von Bändern bedingt, die operativ fixiert werden müssen.

Vergiftungen. Rattengift kann bei unsachgemäßem Auslegen direkt, aber auch mit vergifteten Nagetieren aufgenommen werden. Meist handelt es sich um Cumarinpräparate, die zu inneren Blutungen führen. Vorsicht ist auch bei Schädlings- und Unkrautbekämpfungs- sowie bei Frostschutzmitteln geboten. Hochgiftige Thallium-, Zinkphosphid- und Arsenzubereitungen, Blausäure und Strychnin sind heute gottlob kaum noch erhältlich. Die besten Überlebenschancen bestehen, wenn man „nach frischer Tat" das Gift wieder aus dem Magen herausbefördern kann. Der Tierarzt kann Erbrechen durch eine Spritze auslösen, der Laie durch Eingeben von zwei bis drei Teelöffeln Salz. Nach dem Erbrechen kann eine Aufschwemmung von etwa zehn Kohlekompretten eingeflößt werden. Milch wird nicht gegeben, weil verschiedene Gifte fettlöslich sind. Etwa vorhandene Hinweise auf die Art des Giftes ermöglichen eine rechtzeitige, gezielte tierärztliche Behandlung. Ungewisser sind die Aussichten, wenn die Vergiftungsfolgen wie Krämpfe, Mattigkeit oder Brechdurchfall schon eingetreten sind, die

Ursache aber nur vermutet werden kann. Eine genaue Diagnose ist oft erst durch Spätschäden wie Blutungen oder Haarausfall möglich. Dann kann es für eine Rettung bereits zu spät sein.

Erbrechen ist keine selbständige Krankheit. Einmaliges Erbrechen kann durch zu hastiges Fressen, zu kaltes Futter oder Aufnahme von Fremdkörpern ausgelöst werden. Gelegentliches Erbrechen ist beim Hund ohne große Bedeutung. Um zu erbrechen, frißt der Hund häufig Gras. Geschieht dies regelmäßig oder wird ständig das Futter erbrochen, muß ein Tierarzt zugezogen werden. Auch Durchfall und Erbrechen mit Fieber sind kein Fall für Hausmittel.

Durchfall ohne Fieber bessert sich häufig nach einem Fastentag: Der Hund erhält ausschließlich stark verdünnten Tee mit einer Prise Salz, aber ohne Zucker. Zur Geschmacksverbesserung ist Süßstoff erlaubt. Zusätzlich ist es nie verkehrt, eine Aufschwemmung von Kohlekompretten einzugeben. Keinesfalls darf Durchfall mit Wasserentzug „behandelt" werden; der Körper würde zu stark austrocknen. Am zweiten Tag erhält der Hund in kleinen Portionen ein Diätfutter, zum Beispiel Beefsteakhack, Schmelzflocken und rohen geriebenen Apfel. Am dritten Tag muß der Kot zumindest wieder dickbreiig sein.

Verstopfungen lassen sich oft durch rohe Leber oder Milz oder einige Teelöffel süßer Dosenmilch beheben. Bei krampfhaft vergeblichem Drängen kann ein Mikroklistier Erfolg bringen. Bei einer Verhärtung von Knochenteilen im Enddarm hilft allerdings meist nur ein fachgerechter Einlauf.

Scheinschwangerschaft tritt bei manchen Hündinnen etwa acht Wochen nach der Läufigkeit auf. Sie sind unruhig, „bemuttern" irgendwelche Gegenstände, fressen schlecht und erbrechen gelegentlich. Das Gesäuge schwillt, Milch bildet sich. Abhilfe schafft häufig wenig Fressen und Trinken bei viel Bewegung und Beschäftigung. Das Gesäuge kann mehrmals täglich mit kaltem Wasser befeuchtet werden, um Schwellung und Milchproduktion zu hemmen. Keineswegs soll die Milch ausgedrückt werden. Damit würde nur die weitere Milchbildung angeregt. Bei sehr starker Gesäugeschwellung und trotz Hausmitteln nicht nachlassenden Erscheinungen den Tierarzt konsultieren!

Insektenstiche, vor allem durch das Schnappen nach Wespen und Bienen verursacht, können schnell zu erheblichen Schwellungen am Kopf oder, noch schlimmer, im Rachen führen. Äußerliche Kühlung mit Eiswürfeln und eine Tablette gegen Allergie – falls zur Hand – ersparen häufig nicht eine möglichst rasche tierärztliche Behandlung.

Alarmzeichen

Fieber ist eine Abwehrreaktion des Körpers, meist auf Infektionen. Die Hundenase kann auch beim kranken Hund feucht und kühl sein. Die Temperatur muß mit einem Fieberthermometer (je nach Bauart bis zu fünf Minuten) im Mastdarm gemessen werden. Sie darf nicht über 39 °C liegen. Untertemperaturen unter 37,5 °C entstehen infolge einer Reduzierung der Stoffwechselvorgänge häufig vor dem Tod.

Erkältungen wie beim Menschen treten beim Hund selten auf. Sie sind kein Fall für die Hausapotheke. Würgender Husten, als ob ein Knochen im Hals säße, tritt bei Mandelentzündungen auf. Ernstere Infektionen wie Zwingerhusten oder gar Staupe können vorliegen. Pumpende Atmung entsteht durch eine Lungenentzündung, aber auch durch Wasseransammlungen in der Lunge, zum Beispiel infolge von Vergiftungen. Bei alten Hunden kann der damit verbundene Husten auch auf eine Herzschwäche zurückzuführen sein. Bauchpressen und Aufblasen der Backen sind Zeichen höchster Atemnot.

Schleimhäute im Auge und im Fang geben Hinweise auf innere Erkrankungen: Blässe deutet auf Blutarmut hin, Gelbfärbung auf Leberschäden mit Gelbsucht, Blutungen auf schwere Infektionen oder Vergiftungen, eine bläuliche Färbung tritt bei Herz- und Kreislaufschwäche auf.

Kot und Urin mit Blutbeimengungen lassen schwerwiegende krankhafte Veränderungen erkennen. Bei Blutungen im Magen und in den vorderen Darmabschnitten kann der Stuhl durch das verdaute Blut pechschwarz aussehen. Nierenerkrankungen können auch mit erhöhtem Durst verbunden sein. Wenn Mattigkeit und Mundgeruch hinzukommen, ist meist bereits eine Harnvergiftung eingetreten. Harnsteine, Blasenriß oder Vergiftungen können dazu führen, daß überhaupt kein Urin abgesetzt wird; dann besteht höchste Gefahr. Geschwülste, Prostatavergrößerungen und Mastdarmveränderungen erschweren den Kotabsatz. Verhärtete Knochenteile können den Enddarm völlig verstopfen. Erbrechen und zunehmende Mattigkeit bei fehlendem Kotabsatz sprechen für einen Darmverschluß oder einen Fremdkörper im Darm.

Speicheln wird im harmlosesten Fall durch Fremdkörper in der Maulhöhle oder durch lose Zähne verursacht, bedenklicher wäre eine E-605-Vergiftung oder Pseudowut, schlimmstenfalls ist an Tollwut zu denken.

Umfangsvermehrungen des Bauches bei sonst normalem Ernährungszustand oder zunehmende Abmagerung können durch Tumoren oder Bauchhöhlenwasser hervorgerufen werden. Bei einer Gebärmuttervereiterung besteht gleichzeitig fast immer starker Durst, gelegentlich auch Scheidenausfluß. Eine plötzlich Aufblähung des Bauches mit Kolik und Kreislaufschwäche, bedingt durch eine Magendrehung, erfordert unverzügliche Operation.

Infektionen bedrohen die Gesundheit

Staupe und ansteckende Leberentzündung (Hepatitis) sind Viruskrankheiten, die für Junghunde besonders gefährlich sind, aber auch ältere Hunde befallen. Staupe beginnt mit einem häufig kaum merkbaren, kurzen Fieber, dem nach etwa acht Tagen eine schwere Lungenentzündung mit eitrigem Augen- und Nasenausfluß oder ein Durchfall folgt.

Eine besondere Verlaufsform ist mit einer Verhärtung der Ballen verbunden. Nach scheinbarer Besserung treten nervöse Erscheinungen bis hin zu Krämpfen auf, die meistens zum Tod führen. Nach überstandener Staupe bleibt häufig ein nervöses Zucken der Kopfmuskeln, der „Staupetick", nach Erkrankungen im Junghundalter das „Staupegebiß" mit erheblichen Zahnschmelzdefekten zurück.

Die ansteckende Leberentzündung verläuft ähnlich, mit hohem Fieber, Apathie und Appetitlosigkeit. Hornhauttrübungen können bleibende Folgeschäden sein.

Stuttgarter Hundeseuche (Leptospirose) wird durch Bakterien verursacht und von Hund zu Hund übertragen. Sie beginnt häufig mit einer Schwäche in den Hinterbeinen. Geschwüre in Maul, Magen und Darm sind mit aasartig-faulem Maulgeruch und blutigem Durchfall verbunden.

Tollwut tritt bei Hunden nur noch selten auf. Die Seuche wird vor allem durch Füchse übertragen. Hinweisschilder warnen in gefährdeten Gebieten vor Tollwut. Die Krankheit ist besonders tückisch: Die typischen Wuterscheinungen mit heiserem Gebell, Wasserscheue, Unruhe und unmotivierter Beißwut fehlen häufig. Die „stille Wut" ist im Anfangsstadium schwer zu erkennen. Ein erkranktes Tier stirbt immer.

Parvovirose ist bei uns in den letzten Jahren regelmäßig aufgetreten. Die Seuche wurde zunächst auf Ausstellungen verbreitet. Der Erreger ähnelt dem Katzenseuchevirus. Die Ansteckung erfolgt über die Ausscheidungen von Hund zu Hund. Bei Welpen tritt plötzlicher Herztod auf, ältere Hunde sterben nach unstillbarem blutigem Durchfall und Erbrechen.

Impfungen schützen vor diesen Infektionskrankheiten

Welpen in gefährdeten Zuchten oder ungeimpfte Hunde mit verdächtigen Krankheitserscheinungen können mit einem Serum behandelt werden, das fertige spezifische Abwehrstoffe enthält. Diese „passive Immunisierung" schützt aber nur für zwei bis drei Wochen. Der Käufer eines Hundes sollte den Impfpaß daraufhin genau prüfen.

Längerdauernden Schutz vermittelt nur die „aktive" Schutzimpfung. Dabei werden abgeschwächte und abgetötete Infektionserreger eingeimpft. Der Körper reagiert darauf mit der Bildung eigener Abwehrstoffe. Bei den heute üblichen Kombinationsstoffen kennzeichnen die Buchstaben S, H, L, T und P die Wirksamkeit gegen die in Frage kommenden Seuchen.

Welpen werden mit sieben bis acht Wochen das erste Mal geimpft und müssen dann mit zwölf Wochen nachgeimpft werden. Bei älteren Hunden genügt eine einmalige Grundimmunisierung. Der einmal gebildete Impfschutz baut sich im Laufe der Zeit ab. Kommt der Hund mit betreffenden Seuchenerregern in Berührung, so wird die Antikörperbildung aufgefrischt.

Ist der Impfschutz aber bereits zu stark abgesunken, kann der Hund erkranken. Deshalb sind Auffrischungsimpfungen im Abstand von ein bis zwei Jahren erforderlich.

Ein sicherer Impfschutz des Hundes ist auch für den Menschen wichtig. Erkrankte Hunde können Leptospiren übertragen, die beim Menschen das „Canicola-Fieber" oder die „Weilsche Krankheit" hervorrufen. Hundetollwut ist wegen des engen Kontaktes für Menschen viel gefährlicher als Wildtollwut. Geimpfte Hunde übertragen keine Tollwut. Nach einem Kontakt mit verdächtigem Wild brauchen sie deshalb auch nicht getötet zu werden, wie dies für ungeimpfte Hunde gesetzlich vorgeschrieben ist. Schließlich können sie auf Auslandsreisen mitgenommen werden.

Gegen andere Infektionen schützt Vorsicht

Toxoplasmose wird durch einzellige Schmarotzer hervorgerufen. Ihr Stammwirt ist die Katze. Bei anderen Tieren werden ansteckungsfä-

Dieser Saluki läßt sich in seiner Beschäftigung nicht stören

hige Dauerformen gebildet. Hunde erkranken überwiegend durch infiziertes Schweinefleisch. Für die Ansteckung des Menschen wurden sie früher zu Unrecht verantwortlich gemacht.

Aujeszkysche Krankheit wird ebenfalls durch Schweinefleisch übertragen. Unstillbarer Juckreiz, Unruhe, Ängstlichkeit und Speichelfluß haben gewisse Ähnlichkeit mit Tollwut. Die Krankheit wird daher auch „Pseudowut" genannt. Schweinefleisch und in der Zusammensetzung unbekannte Fleischmischungen (zum Beispiel aus Supermärkten) müssen deshalb gut durchgekocht werden. Fertigfutter und Rindfleisch sind dagegen unbedenklich.

Zwingerhusten tritt vor allem in Tierheimen und Hundehandlungen auf. Unter begünstigenden Umständen lösen Viren und Bakterien gemeinsam Entzündungen von Luftröhre und Bronchien aus. Kennzeichnend ist ein kurzer, trockener Husten, Sekundärinfektionen können den Krankheitsverlauf verschlimmern. Einen gesunden Hund kauft man mit größerer Wahrscheinlichkeit beim Züchter. Während des Urlaubs sollte man seinen Hund nicht in unbekannte Heime oder Pensionen geben oder ihn vorsorglich auch gegen Zwingerhusten impfen lassen.

Wurmkuren gegen unerwünschte Kostgänger

Spulwürmer können bei Junghunden zu Verdauungs- und Entwicklungsstörungen, zu Vergiftungserscheinungen und sogar zum Tod führen. Fast alle Welpen werden im Mutterleib mit Spulwürmern infiziert. Die ersten Wurmkuren soll schon der Züchter durchführen. Junghunde werden vierteljährlich entwurmt. Ältere Hunde beherbergen nur noch einzelne Würmer. Sie richten zwar keinen großen Schaden an, sind aber eine ständige Infektionsquelle. Hündinnen sollten sechs Wochen nach jeder Läufigkeit, Rüden einmal jährlich entwurmt werden. Bei festgestelltem Wurmbefall ist eine sofortige Entwurmung mit einer Wiederholungsbehandlung nach zwei bis drei Wochen erforderlich. Rohe Möhren garantieren keine Wurmfreiheit. Wirksame und verträgliche Mittel sind verschreibungspflichtig. Sie wirken auch gegen andere Rundwurmarten, zum Beispiel gegen Hakenwürmer.

Spulwürmer sind auf ihre Wirtstierarten spezialisiert; wenn der Mensch Hundespulwurmeier aufnimmt, schlüpfen zwar Larven und beginnen ihre Wanderung im Körper, sie bleiben jedoch in Organen oder Muskeln stecken und können dort schmerzhafte Entzündungen verursachen. Besonders gefährdet sind „Krabbelkinder". Wurmkuren dienen daher auch dem Gesundheitsschutz der Familie. Auf Kinderspielplätzen haben Hunde nichts zu suchen.

Bandwürmer brauchen für ihre Entwicklung stets einen Zwischenwirt. Für den Hundebandwurm ist dies der Floh. Er nimmt die Wurmeier auf, aus denen sich eine Finne entwickelt. Der Hund „knackt" den Floh – die Finne wächst im Hundedarm zum fertigen Bandwurm aus. Mit dem Kot erscheinen nach geraumer Zeit einzelne kürbiskernförmige, anfangs noch bewegliche Bandwurmglieder oder ein längeres, deutlich gegliedertes Wurmende. Die meisten Spulwurmmittel sind gegen Bandwürmer unwirksam. Heute gibt es aber gut verträgliche und sicher wirkende Bandwurmmittel. Zur Bandwurmkur gehört stets eine Flohbehandlung von Hund und Lager.

Besonders bei Jagdhunden kann auch der „gesägte Bandwurm" auftreten, dessen Zwischenwirte Hasen und Kaninchen sind. Andere Bandwurmarten, die durch Fisch oder Wild, Rinder- und Schafeingeweide übertragen werden, kommen seltener vor. Dazu zählt der „dreigliedrige Bandwurm", der auch dem Menschen gefährlich werden kann. Der Hund sollte zur Vorbeuge keine rohen „Konfiskat"-Innereien erhalten und daran gehindert werden, Kadaver von Wildtieren anzufressen. Für Menschen besonders gefährlich ist der vor allem in einigen Gegenden Mittel- und Süddeutschlands verbreitete „Fuchs-bandwurm", der auch durch Hunde übertragen werden kann. Neben regelmäßigen Bandwurmkuren ist es die beste Vorbeuge, den Hund in Wald und Flur anzuleinen.

Gefahren für die menschliche Gesundheit?

Impfungen und Wurmkuren schränken Ansteckungsgefahren ein. Hygiene tut ein übriges: Selbstverständlich hat der Hund sein eigenes Lager und Futtergeschirr; beides ist peinlich sauber. Rasen und Wege werden von Hundekot freigehalten. Der Hund wird so erzogen, daß er das Gesicht nicht ableckt. Das Belecken der Hände ist Ausdruck seiner Zuneigung. Man darf sie dulden, denn man kann sich die Hände anschließend waschen. Vorsichtige können Lager, Hütte und andere hygienegefährdete Stellen und Gegenstände regelmäßig desinfizieren. Die Mittel sollen gegen Viren, Bakterien und Pilze wirken. Zur Schnelldesinfektion eignet sich ein „Desinfektspray", der auch Ektoparasiten abtötet.

Besonders angezeigt sind solche Maßnahmen, wenn der Hund eiternde Wunden, Ekzeme, Furunkel oder eine Vorhaut-, Zahnfleisch- oder Mandelentzündung hat. Diese Infektionen sind konsequent zu behandeln.

Eitererreger können auch beim Menschen Komplikationen verursachen. Vorsicht ist stets bei schlecht heilenden oder sich ausbreitenden Ekzemen geboten: Räudemilben sind zwar auf Tierarten „spezialisiert", können jedoch auch beim Menschen juckende Hautrötungen verursachen.

Hautpilzinfektionen sind auf Menschen übertragbar. Daher sollte man umgehend eine Spezialuntersuchung und Behandlung veranlassen. Pilzinfektionen entstehen nur, wenn sich die Erreger länger als 12 bis 24 Stunden auf der menschlichen Haut einnisten können. Gründliches Waschen bannt die Gefahr. Zusätzliche Sicherheit bietet ein Handdesinfektionsmittel, das nach Berührung verdächtiger Stellen oder Ausscheidungen in die Hände eingerieben wird.

Allergien sind auch durch größere Sauberkeit nicht immer zu vermeiden. Einige Menschen reagieren bei Kontakt mit Tierhaaren und -hautteilen mit Ausschlägen oder Atembeschwerden. Katzen, Meer-

Azawakhs – zwei gute Kameraden

schweinchen und Vögel sind viel öfter als Hunde die Auslöser; viele andere pflanzliche und tierische Stoffe kommen hinzu. Die Allergie- ursache kann von einem Hautarzt durch Spezialtests auf der Haut ermittelt werden. Auf Verdacht braucht also kein Hund abgeschafft zu werden. Und vor der Anschaffung eines Windhundes brauchen auch gesundheitsbewußte Hundefreunde nicht zurückzuschrecken.

95

Der alternde Hund

Viele Jahre hat er nun mit seinem Menschen gelebt. Er machte ihnen viel Freude und Spaß, aber auch Sorge und Kummer.

Nun aber fällt das Gehen schwer, er kommt nicht mehr richtig auf die Beine, wenn er aufstehen will. Das Gehör läßt nach, man muß lauter mit ihm reden. Auch die Sehkraft läßt nach. Harte Brocken kann er nicht mehr kauen. – Aber immer noch ist er der Kamerad.

Nun muß man ihm viel Ruhe gönnen. Seinen Lieblingsplatz legt man ein bißchen weicher aus. Die Spaziergänge werden kürzer. Das Futter wird weicher hergerichtet. Noch häufiger sagt man ihm ein paar gute Worte und streichelt ihn. Er wird für alles dankbar sein.

Wenn man aber merkt, daß er Schmerzen bekommt, geht man zum Tierarzt mit ihm. Sollte dann eines Tages die bittere Diagnose lauten: Er ist nicht mehr zu retten, er wird nur unter Schmerzen weiterleben können, dann kommt der schwere Augenblick der Entscheidung.

Jetzt hat der Mensch seine Dankbarkeit gegenüber seinem treuen Begleiter zu erweisen. Er muß jetzt bereit sein, ihn einschläfern zu lassen.

Das ist der Mensch seinem Hund schuldig! Er hat nicht das Recht, aus Eigennutz das Tier leiden zu lassen.

Schwer, sehr schwer ist dieser Entschluß, aber er muß manchmal sein. Unser treuer Freund hat es verdient, daß wir ihn nicht leiden lassen, sondern ihm den Frieden gönnen.

Anschriften, die Sie kennen sollten

Deutscher Windhundzucht- und Rennverband (DWZRV) e.V. 1892

Präsident:
Eckhard Schritt
Jagdhaus am Paß
65510 Hünst.-Bechtheim/Ts.
Telefon (0 64 38) 64 42
Fax (0 64 38) 7 11 89

Zuchtleiter:
Dr. Erich Zimmermann
Kirchenweg 4
91481 Münchsteinach
Telefon (0 91 66) 5 40
Fax (0 91 66) 7 92

Zuchtbuchführer:
Birgit Krah
Auf'm Heidchen 12
42855 Remscheid
Telefon (0 21 91) 34 85 36
Fax (0 21 91) 3 16 53

Vors. der Rennkommission:
Wilfried Marklein
Tobelweg 7a
88090 Immenstaad
Telefon (0 75 45) 68 62
Fax (0 75 45) 68 61

**Verband für das Deutsche
Hundewesen e.V. (VDH)**
Westfalendamm 174
44141 Dortmund

Weiterführende Literatur aus dem Verlag Paul Parey, Hamburg und Berlin

BURTZIK, P., 1993: Erziehung und Ausbildung des Hundes. 4. Auflage.

FIDELMEIER, L., 1983: Kauf, Pflege und Fütterung des Hundes. 3. Auflage.

KOBER, U; PEPER, W.: Pareys Hundebuch. Neuauflage geplant.

POORTVLIET, R., 1987: Mein Hundebuch. 2. Auflage.

QUEDNAU, F., 1987: Rechtskunde für Hundehalter.

SCHMIDTKE, H.-O., 1984: Gesundheitsfibel für Hunde. 2. Auflage.

SCHULTZE, I., 1993: Greyhound und andere Windhundrassen. 2. Auflage.

WEIDT, H., 1992: Der Hund, mit dem wir leben: Verhalten und Wesen. 2. Auflage.

sicher und zuverlässig
hat alles für Ihren Hund

Umweltfreundliche Sprays
ohne Treibgas

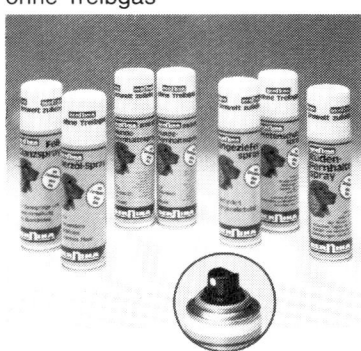

Dog-fish
mit lebenswichtigem
Eiweiß –
nicht fettbildend

Zur guten Pflege

Fell-Entfilzungskamm

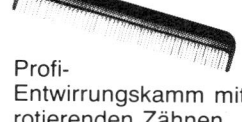

Profi-
Entwirrungskamm mit
rotierenden Zähnen

Lederwaren aus eigener
Herstellung für alle
Hunderassen

Erhältlich in guten Fachgeschäften.

Nachweis durch:
Wilh. Naumann GmbH · Am großen Teich 12 · 58640 Iserlohn

Bildnachweis

Seite 13	Christel und Fredi Breuer
Seiten 14, 64, 75	Angelika Heydrich, Nürnberg
Seite 15 und Titelbild (oben links)	Erika Rödde, Essen-Kettwig
Seite 17	Gisela Gustke, Gummersbach
Seite 20	Bernd Kiehnlein, Pleinfeld
Seite 22	Mrs. Bell, USA
Seiten 24, 43	Dagmar Hintzenberg-Freisleben, Hasenwinkel-Greffen
Seiten 25, 52, 63, 92 und Titelbild (oben rechts)	Ute Lennartz, Pyrbaum
Seiten 29, 31, 32, 51, 70, 73, 81 und Titelbild (unten links)	Eckhard Schritt, Hünstetten
Seiten 35, 36, 37, 38, 95 und Titelbild (unten rechts)	Anne Hochgesand, Waldalgesheim
Seite 47	Michael Breslauer, Berg-Gladbach
Seiten 55, 72	Atelier W. Lutz, Nürnberg
Seite 68	Hofmann, Nürnberg